STEPHAN POROMBKA

ES IST LIE BE

CARL HANSER VERLAG

1 2 3 4 5   21 20 19 18 17

ISBN 978-3-446-25670-5

Umschlag: Peter-Andreas Hassiepen, München
Satz im Verlag
Druck und Bindung: CPI books GmbH, Leck
Printed in Germany

FSC www.fsc.org
MIX
Papier aus verantwortungsvollen Quellen
FSC® C083411

ES WERDEN KEINE LIEBES BRIEFE MEHR GESCHRIEBEN

DAS IST DAS ENDE DER RO MAN TIK

DAS IST DAS ENDE DER LIEBE

UND DU BIST

MITTEN

DRIN

ICH BIN

MITTEN

DRIN

WIR ALLE SIND
MITTEN DRIN

UND ALLE UND ALLES DRUMHERUM

Wer auch immer so etwas zu Dir sagt – mein dringender Rat ist: Umdrehen und weggehen.

Dreh Dich einfach um. Und geh weg.

Lass Dich gar nicht drauf ein. Mach irgendetwas anderes. Etwas Lustiges. Etwas Schönes. Etwas Schräges.

Denn die Wahrscheinlichkeit ist groß, dass Du, wenn Du stehenbleibst und zuhörst, es mit Leuten zu tun bekommst, die von Romantik und vom Liebesbriefeschreiben überhaupt keine Ahnung haben. Und die Dir nur ein schlechtes Gewissen machen wollen. Wenn Du es nicht schon längst hast. Wenn es nicht schon längst in Deinem Kopf ist und Dich blockiert, wenn Du liebst.

Denn es gibt so viele, die sich einmischen wollen. Die alles schlechtreden und blockieren wollen, was nach Liebe aussieht.

Eigentlich gab es immer schon viele Leute, die das mit der Liebe schlechtreden wollten. Die sagen wollten, dass früher alles besser war. Und jetzt sei alles ganz besonders schlimm.

Die Geschichte der Liebe ist überhaupt voll von solchen Leuten, die es grundsätzlich bedenklich finden, auf welche neuen Weisen man sich gerade jetzt im Unterschied zu früher kennenlernt und wen man trifft, wie man miteinander spricht und sich gegenseitig schreibt, wie man sich berührt und küsst und wie man und mit wem man Sex hat.

Immer schon sind sie da und reden alles schlecht.

Das hört wohl nie auf. Und schon gar nicht in der Gegenwart, in der die Stimmen noch mehr an Kraft und Einfluss gewinnen. So stark und einflussreich sind sie wie schon seit Jahrzehnten nicht mehr.

Wenn Du willst, kannst Du sie hören. Und Du kannst hören, was diesmal für den Untergang der Liebe verantwortlich sein soll.

Diesmal ist es die Netzkultur.

Sie werden auf Dein Smartphone zeigen. Sie werden sagen: Genau an diesem Smartphone macht sich alles fest.

Weil Dein Smartphone das Gerät ist, an dem etwas ganz Abstraktes ganz konkret sichtbar wird: die tiefgreifenden und weitreichenden Verwandlungen aller Beziehungen.

Weil es ein Beziehungstransformationsgerät ist. Weil es alles, was mit ihm in Berührung kommt und mit jedem Update weiter in Bewegung hält.

Das Smartphone verändert sich dabei nicht nur selbst. Es verändert *Dich*. Und Deine Liebe.

Das spürst Du genau.

Und das spüren auch die anderen, die den Untergang der Liebe beschwören.

Du selbst spürst es, weil Du wahrscheinlich gleich wieder nach dem Smartphone greifen wirst. Weil es das eine Gerät ist, das Du gleich wieder in Gang setzen wirst, wenn Du mit Deinen Freunden, Deiner Familie, Deiner großen oder kleinen Liebe, mit Deiner Flamme, Deinem Schwarm, Deiner Affäre, Deinem One-Night-Stand Kontakt aufnehmen willst.

Du musst gar nicht frisch verliebt sein, auch nicht verrückt vor Liebe, um es zu spüren. Nichts in Deinem Leben muss dramatisch sein, nichts überwältigend. Alles kann den ruhigen Rhythmus der zarten regelmäßigen Berührungen mit Händen und Worten haben, der sich über Monate und Jahre hinweg ergeben hat und sich immer weiter nur in Nuancen variiert.

Es reicht, wenn Du spürst, dass Du den anderen kurz hören willst. Oder wenn Du schnell etwas lesen und schreiben willst, weil Du eine kleine Sehnsucht hast, vielleicht auch plötzlich eine kleine Furcht, einen Wunsch, eine Idee, einen Witz oder auch nur ein einziges Wort, das Du verlieren oder finden möchtest.

Dann wirst Du das Smartphone nehmen und sagen, wo Du bist und was Du machst. Wie es Dir geht. Was Du siehst. An was Du denkst. Was Du vorhast. Was Du kochen wirst. Worauf Du warten wirst.

Und Du wirst Fragen schicken. Und Antworten lesen. Musikstücke verlinken und verlinkte Musikstücke hören.

Und Du wirst die Bilder sehen, die man Dir sendet. Du wirst Stimmen hören und kleine Filme sehen. Du wirst Verabredungen treffen. Und Du wirst Küsse verteilen und warten, bis Dich Küsse erreichen.

Du wirst auch nach Deinem Smartphone greifen, wenn Dir das alles gar nicht reicht und Du Dich einsam fühlst und nur die Hoffnung hast, irgendwie und irgendwann auf eine große oder kleine Liebe zu treffen. Dein ganzes Denken ist so eigenartig fest mit diesem Gerät verbunden, Du bekommst es gar nicht mehr so richtig davon los.

Das Smartphone ist ein Beziehungsding, ein Liebesding, ein Sehnsuchtsding geworden, mit dem Du selbst eine eigenartige Beziehung führst. Du brauchst es. Du liebst es. Du hast Sehnsucht nach ihm, wenn es nicht da ist.

Wahrscheinlich hasst Du es auch. Es nervt. Es will immer zu viel. Es ist zu nah. Es frisst Deine Zeit. Es macht Dich konfus. Es macht Probleme, die Du ohne es gar nicht hättest.

Aber manchmal denkst Du, es bietet Dir auch Lösungen. Du willst es dann spüren. Du willst es berühren. Du willst, dass es geladen ist und Dir unendlich Strom gibt. Du willst mit ihm in ständigem Kontakt sein, weil es Dir so viele Möglichkeiten eröffnet, die Du ohne es nicht hättest.

Es hängt an diesem Gerät auf eigenartige Weise so viel von Deiner Liebe, Deiner Lust und Deiner Sehnsucht, weil ohne es kaum noch etwas angebahnt, arrangiert, verknüpft und in Bewegung gehalten werden und auch wieder beendet werden kann.

Natürlich geht es auch ohne. Man hört manchmal von Leuten, die ohne Smartphone leben. Die das Wochenende ohne Netzzugang verbringen, die abends ausgehen, Bücher und Zeitungen lesen, sich analog informieren und Briefe wechseln. Es gibt natürlich Leute, die sich ohne Smartphone lieben, streiten, einander verlassen und sich wieder verlieben.

Aber die Wahrheit ist: Um uns herum geht die Wahrscheinlichkeit längst gegen null, dass man Leute trifft, die sich als Paar verstehen und sich nicht auch über dieses Gerät verbinden.

Und damit wird die Wahrscheinlichkeit immer größer, dass man *nur noch* auf Leute trifft, die ihre Liebesgeschichten mit und über und durch die Verbindung ihrer Smartphones schreiben.

Zehnjährige, Zwanzigjährige, Leute mit dreißig, vierzig, fünfzig, sechzig, siebzig. Alle tun es.

Und zwar mit einer Selbstverständlichkeit, die alle einzelnen Momente ihrer Geschichten betrifft.

Und das heißt: Vom Verschwinden der Liebesbriefe, vom Verfall der Romantik und der Verkümmerung der Liebe sind nicht nur einige wenige betroffen. Es geht nicht nur um die sogenannten jungen Menschen, wenn wir davon reden, dass sich die Liebe und das Lieben verändern.

Betroffen sind langsam aber sicher alle. Also auch ich. Und Du.

Weil wir nämlich längst keine großen Liebesbriefe mehr schreiben.

Weil wir am Smartphone hängen.

Wir klicken immer weiter. Wir lesen immer neue Texte, sehen uns dauernd neue Fotos und Filme und Einträge an, die uns etwas versprechen, die uns berühren, beschäftigen, erregen. So unglaublich viel Zeug ist im Umlauf, um uns zu triggern. Oder uns in etwas hineinzuziehen, indem es Spuren legt, denen wir folgen können. Denen wir alle ständig an so viele verschiedene Orte folgen, von Nachrichtenseiten bis zu hastigen Chats mit Geliebten und Freunden und unseren Familien.

Also läuft ja scheinbar wirklich alles falsch. Denn alle laufen mit.

Und wir sind mittendrin. Und mittendrin bin ich. Und mittendrin bist Du.

Öffne den Startbildschirm von Deinem Smartphone und zeig, wie es Dich auch längst erfasst hat und verändert.

Das ganze Ding ist voll mit Programmen, die alle mit Deinem Leben und Deiner Liebe kurzgeschlossen sind. Von der Navigations-App bis Facebook, von der Fotofunktion bis zum Mailprogramm.

All das wird von den Leuten, die Dir schlechte Laune machen wollen, als Werkzeug zur Zerstörung der abendländischen Liebesbriefkultur verstanden. Denn diese Leute mögen ganz grundsätzlich nicht, wie sich die Beziehungen über das Smartphone organisieren.

Klick mal auf die Icons. Zeig, was Du da machst. Hör Dir an, was Dir vorgeworfen wird. Und fühl Dich schlecht.

Da schüttest Du Dich bei *Whatsapp* zu zweit, zu dritt oder in größeren Gruppen mit Kurznachrichten, Bildern und Emojis zu.

Bei *Facebook*, heißt es, hast Du nicht mal echte Freunde.

Bei *Twitter* rasen Dir die hundertvierzig Zeichen-Miniaturen durch den Feed und reißen alles mit, was Ruhe, Tiefe und Konzentration braucht.

Die Gegenwart verbrennt, Klick für Klick. So wie bei *Instagram*. Da flackern die schöngefilterten Bilder von Sonnenuntergängen, Mittagessen, Kaffeebechern auf Vintage-Holztischplatten unkontrolliert an Dir vorbei. Dazwischen Menschen, die durch ihre Kamera mit anderen Menschen flirten. Sie stellen sich den Blicken der anderen Instagram-User aus, um magnetisch schön zu sein, um begehrt zu werden, um doch unnahbar, ungreifbar, unberührbar zu bleiben.

Und dann gibt es *Snapchat*. Snapchat ist voll mit Bildern und Filmchen, die nach dem Anklicken aufleuchten und sofort wieder verschwinden. Nichts soll über den Moment hinaus bleiben. Alles soll weg sein. Kein Erinnern. Was bleibt, ist immer nur das Warten auf den nächsten Clip. Bei Snapchat werden deshalb gerne Nacktbilder verschickt. Man zeigt sich kurz und löscht sich wieder. Von echten Liebesbriefen keine Spur. Und gäbe es eine Spur, wäre sie nach Sekunden verschwunden.

Aber pass bloß auf. Für die Leute, die behaupten, dass keine romantischen Liebesbriefe mehr geschrieben werden, und die das Netz dafür verantwortlich machen und die dabei auf Dein Smartphone zeigen, ist das alles noch gar nichts gegen die anderen Programme auf dem Smartphone, die in ihren Augen nur dazu da sind, Dich nicht nur am Schreiben von Liebesbriefen zu hindern, sondern Deine Liebe selbst zu zerlegen.

Zum Beispiel die Partnerbörsen. Die sind darauf angelegt, heißt es, dass Du Dich in einen selbstoptimierenden Manager verwandelst, der Fragebögen mit Hinweisen auf Präferenzen und Abneigungen ausfüllt und sein Profil zu denen Millionen anderer Singles stellt, die sich angeblich alle paar Sekunden auf der Grundlage algorithmischer Zuordnungen verlieben und dafür immer dieselben Texte mit bloß minimalen Variationen vorzeigen, in denen sie sich selbst anpreisen.

Und das will *Tinder* auch. Aber Tinder will mit Dir Achterbahn fahren. Du sollst Dich nicht konzentrieren. Du sollst immer wieder unzählige Profile von möglichen Partnern in der Sicherheit der Anonymität durchmustern und sie wegdrücken oder festhalten, um sie zu treffen, vielleicht zu küssen, vielleicht mit ihnen zu schlafen, um dann aber gleich wieder zu schauen, was sich als Nächstes bietet, weil Du immer weiter befriedigt sein willst, aber auf diese Weise doch wohl sicher nicht zufrieden sein kannst.

Und wenn Du willst, klickst Du weiter auf *Lovoo*, auf *Gayromeo*, *Lesarion* oder *Grindr*, um sogar noch schneller Sex zu haben. Schalte den Radar ein, und Du siehst auf Deinem kleinen Bildschirm, wer in Deiner Nähe ist und auf Zungenküsse steht. Oder wer es gerne in Verkleidung macht. Oder mit Spielzeug.

Schreib: »Hi! Hast Du Lust auf ein Treffen?«

Oder: »Wanna fuck?«

Dann ergibt sich was. Und wenn sich nichts ergibt, dann eben beim nächsten oder übernächsten oder überübernächsten Mal. Du musst es nur immer weiter versuchen.

»Wanna fuck?!«

Und wenn es selbst dann nicht klappt, dann suchst Du bei *Youporn*, *XHamster* oder *Thumbzilla* nach Bildern und Clips, die Dir helfen, es Dir selbst zu besorgen.

Zeig mal eine Auswahl davon den Leuten, die Dir ein schlechtes Gewissen machen wollen, auf Deinem Smartphone. Bestimmt hast Du auch noch neueres Zeug, interessantere, aufregendere Sachen, neue Updates, neue Programme, neue Apps, neue Gadgets.

Aber sei Dir sicher: Alles, was neu dazukommt, wird erst recht schlecht sein für die, die Dir gerne sagen möchten, dass keine Liebesbriefe mehr geschrieben werden und dass man daran sehen kann, wie furchtbar schlecht es um die Liebe im Allgemeinen und Deine Liebe im Besonderen bestellt ist.

Ich sage ja: Dreh Dich um und geh weg.

Sonst werden sie Dir sagen, dass man an all Deinen Apps und Programmen erkennen kann, wie unfähig Du geworden bist, richtige Beziehungen zu führen.

Das Smartphone gilt als Mitgliedsausweis für eine ganze Generation, die es nicht mehr schafft, sich auf eine Person zu konzentrieren. Die Beziehungen, Liebe, Sex immer in Serie will.

Vielleicht solltest Du wirklich ein schlechtes Gewissen haben.

Und vielleicht solltest Du auch schlechte Laune haben, wenn Du an Dich selbst denkst, wie Du da abends auf dem Sofa oder im Bett liegst oder auf die Bahn wartest und Dich immer und immer weiter durch die Angebote klickst.

Wie Du die Finger nicht vom Bildschirm wegbekommst. Wie Du immer weiter suchst, ohne aufzuhören.

DU BIST VERLOREN

DU BIST EIN ARMES VERLORENES LIEBLOSES DING

DEIN HERZ IST VERNETZT

DEINE GEFÜHLE SIND NUR NOCH REFLEXE, MIT DENEN DU OHNMÄCHTIG AUF DIE ANGEBOTE DER NEUEN MEDIEN REAGIERST

ICH HABE JA GESAGT:

DREH DICH UM UND

GEH WEG

WENN LEUTE SO
MIT DIR REDEN,
GEH
EINFACH
WEG

ODER ABER
BLEIB STEHEN.
UND SAG:

WENN DAS ALLES MIT
DER LIEBE FÜR DICH
SO SCHLIMM UND
SO BEDROHLICH
SEIN SOLL, DANN
MÖCHTEST DU DAS
ALLES NOCH VIEL
GENAUER WISSEN

KLÄR DICH AUF,
UM GENAU ZU WISSEN,
WAS MIT DIR LOS IST

Halt Dich auf dem Laufenden. Probier etwas aus.

Mach den Expertentest.

Der Expertentest ist ein gutes Mittel, um Leuten zu begegnen, die Dir Dein Leben schlechtreden wollen. Und testen kannst Du nebenbei auch Dich selbst.

Lass Dir von denen, die über das Ende der Romantik, der Liebesbriefe, der Beziehungen und der echten Liebe in der Netzkultur reden und die dabei auf Dein Smartphone zeigen, einfach erst mal sagen, wie gut sie sich eigentlich mit all dem auskennen, was sie selbst so schlimm finden.

Mit dem Expertentest fragst Du danach, was sie wissen. Woher sie es wissen. Und welche Erfahrungen sie gemacht haben.

Alles ganz konkret.

Frag sie nach ihrer eigenen Praxis.

Sag: Die Liebe ist ja eine Praxis. Man muss sie irgendwie machen. Man muss doch einfach irgendetwas machen, wenn man liebt. Denn sonst liebt man ja nicht.

Aber was wird gemacht? Und wie?

Frag also nach den Details. Sag, Du interessierst Dich *wahnsinnig* für Details.

Sag, Du führst eine von Dir selbst in Auftrag gegebene Studie durch. Über die Liebe in der Gegenwart.

Sag, Du machst das, weil Du selbst nicht richtig weißt, wie das mit den Beziehungen und der Liebe in der Gegenwart funktioniert. Weil Du selbst mittendrin bist und manchmal auch nicht genau weißt, was um Dich herum eigentlich los ist und was jetzt passiert.

Sag, Du wärst gern schlauer.

Sag, dass Du deshalb dauernd Leute danach fragst, wie sie das machen mit ihren Beziehungen und Verbindungen über all die Apps.

Und sag, dass Du auch selbst an Deiner Studie teilnimmst.

WAS DIE **LIEBE** BETRIFFT, BIST DU SELBST EIN MEDIUM DER GEGENWART

DENN
ALLES,
WAS PASSIERT,
PASSIERT
IMMER
AUCH DIR

Geh mit den Leuten, die vom Ende der Liebesbriefe und der romantischen Liebe sprechen, eine Checkliste durch.

Frag ganz konkret, wenn jemand zum Beispiel über Whatsapp spricht:

»Sie haben gerade über Whatsapp gesprochen. Bei Whatsapp sind Sie schon wie lange? Mit wie vielen Leuten stehen Sie da derzeit in Kontakt? Wie häufig kommunizieren Sie zu zweit, zu dritt oder über größere Gruppen? Spielte oder spielt dabei irgendwann Liebe eine Rolle? Oder eine Verliebtheit? Wurden Beziehungen angebahnt, geführt, aufgelöst? Gab es Misstrauen, Eifersucht, Schmerzen? Gab es Wut und Hass und Hilflosigkeiten bekannter oder komplett neuer Art? Welche Rolle spielte dabei das Schreiben, das Senden, das Lesen von Nachrichten? Wie sahen die Nachrichten aus? Kam es vielleicht sogar zu Sex? Bei Whatsapp? Oder *durch* Whatsapp? Schriftlich? Oder auch mündlich? Oder sogar körperlich? Und wie ging das? Wie war das? War das schön? Oder einfach nur schlimm? Was war anders als sonst? Und was war genau so, wie Sie es kannten?«

Sag, Du willst das alles einfach mal wissen, weil Du Bescheid wissen willst.

Sag, man spricht ja so selten darüber. Man zeigt sich so selten, was jeder Einzelne eigentlich so im Netz macht.

Frag die Leute, die über das Ende der Romantik, der Liebesbriefe und der echten Liebe in der Netzkultur reden, zum Beispiel auch nach Facebook.

Sag, dass viel zu wenig konkret darüber gesprochen wird, was eigentlich bei Facebook passiert. Denn ganz allgemein über Facebook reden kann ja nahezu jeder. Facebook einfach nur flach finden und uninteressant finden und trotzdem irgendwie mitmachen, das kann jeder. Aber wenn es um die Frage geht, wie es sich im Detail zum Beispiel mit den Kontakten zu Freunden und zu Geliebten bei Facebook verhält, dann sollte man schon Genaueres sagen. Sonst könnte ja sein, dass man einfach nur etwas behauptet, das mit dem, was dort bei Facebook passiert und was man selbst bei Facebook macht, gar nichts zu tun hat.

Es sollte aber unbedingt etwas mit dem zu tun haben, was gerade für so viele Leute in ihrem Alltag passiert. Es sollte sogar sehr viel damit zu tun haben. Denn sonst ist es ja Bullshit.

Und Bullshit ist gerade dann, wenn es um so etwas Wichtiges wie unsere Beziehungen und unsere Liebe geht, richtig schädlich.

Deshalb frag die Leute, die vom Ende der Romantik, der Liebesbriefe und der Liebe reden und dabei über Facebook schimpfen, ob und wie sie bei Facebook aktiv sind.

Frag, wie und was sie posten. Ob sie Sachen liken. Und warum. Wie und auf welche Weise sie kommentieren. Ob sie Gespräche führen. Ob sie sich Direktnachrichten schicken.

»Wie schreiben Sie sich bei Facebook mit anderen Leuten? Oder sprechen Sie manchmal ins Mikrofon und versenden kleine Audios?«

»Wie würden Sie Ihre eigene Praxis beschreiben, die Ihnen vielleicht so alltäglich, so einfach, so unbedeutend erscheint?«

Und dann frag wieder:

»Spielt dabei auch Liebe eine Rolle? Gibt es Verliebtheiten? Liebeleien? Werden Beziehungen angebahnt, geführt, aufgelöst? Kommt es zu Zärtlichkeiten? Was ist mit Misstrauen und Eifersucht? Gibt es Sex? Sex bei Facebook? Oder *durch* Facebook? Oder aufgrund von Facebook dann im Real Life irgendwo da draußen? Wo und wie lief das? Und!? Wie war's!?«

Frag nach einer Liebesgeschichte. Lass Dir eine Liebesgeschichte erzählen, die mit Facebook zu tun hat. Am besten soll es eine sein, die ganz anders war als alle anderen Liebesgeschichten zuvor.

Denn es heißt doch, dass alles mit der Liebe jetzt ganz anders wird. Bestimmt ändern sich dann ja auch die Geschichten.

WIR SOLLTEN UNS DIE LIEBES GESCHICHTEN ERZÄHLEN, DIE MIT DEM SMART PHONE ENTSTEHEN

WEIL WIR DANN
SEHEN, DASS WIR
UNS JETZT VIELLEICHT
GANZ ANDERE
GESCHICHTEN ALS
FRÜHER ERZÄHLEN.
ANDERE GESCHICHTEN
VON DER VERWAND-
LUNG DER LIEBE

Und diese anderen, neuen Geschichten sollten wir uns merken. Weil es bald schon wieder komplett andere Apps und andere Programme und andere Möglichkeiten geben wird, wenn es um Liebe geht.

Dann sollten wir uns erinnern können, wie alles so geworden ist, wie es für eine kurze Zeit ist, ehe es sich wieder weiterentwickelt.

Deshalb frag die Leute. Frag sie immer weiter.

Frag nach ihren Erfahrungen mit Twitter.

Frag nach ihren Erfahrungen mit Instagram.

Frag nach den Bildern, die sie mit ihren Smartphones machen und sich untereinander schicken.

»Welche Bilder schicken Sie sich und welche schicken Sie sich nicht? Warum? Warum nicht?«

Frag, was auf den Bildern zu sehen ist, die sie sich gerne anschauen. Frag nach den Bildern, die man ihnen schickt, die sie liken, lieben, kommentieren. Frag nach den Fotografinnen und Fotografen, die sie interessant finden. Wen schätzen sie, wen verehren sie? Auf wen sind sie fixiert? Wessen Arbeit oder Leben verfolgen sie anhand von Bildern, die gepostet werden?

»Kennen Sie so was? Ein Verliebtsein in Bilder? Ich meine: Waren Sie von Bildern, die Sie online gesehen haben, vielleicht fasziniert, inspiriert oder innerlich berührt? Oder sogar wie magnetisch angezogen? Oder haben Sie sich über Bilder mal in jene Personen verliebt, die diese Bilder gepostet haben?«

»Und was haben Sie dann gemacht? Haben Sie die Fotografin oder den Fotografen angeschrieben? Haben Sie sich hin und her geschrieben?«

»Gab es vielleicht Verabredungen, um die Sie gebeten haben, weil die Fotos, die Sie da gesehen haben, so gut waren, so interessant, so rätselhaft, so irritierend, so zum Verlieben oder sogar erregend?«

»Und umgekehrt? Gab es Verabredungen, um die man Sie gebeten hat, weil Sie selbst so interessante, rätselhafte, irritierende, erregende Bilder gepostet hatten und jemand mehr von Ihnen wissen wollte?«

Frag: »Wenn es ein Hin und Her über Direktnachrichten gab, in denen lauter Texte und lauter Bilder hin- und hergeschickt wurden, und wenn es daraufhin sogar Verabredungen gab, was genau ist bei diesen Verabredungen passiert? Und was passierte dann? Und dann? Und danach?«

Sag: »Bitte erzählen Sie mir etwas von den eigenartigen Beziehungen der eigenartigen Liebe bei Instagram. Erzählen Sie davon, falls es dort so etwas für Sie gibt oder gegeben hat.«

Sag, dass Dich jedes Detail interessiert. Nichts sei unbedeutend.

Und dann frag weiter.

»Sagen Sie, haben Sie selbst eigentlich mal Nacktfotos verschickt? Was genau war darauf zu sehen? Fotografieren Sie sich selbst gerne ohne Kleidung? Oder in erotischen Posen? Oder nur Details Ihres Körpers? Haben Sie die Bilder noch? Wenn Sie welche haben, könnte ich die mal kurz sehen?«

»Wie viele Nacktfotos haben Sie eigentlich von anderen bekommen? Haben Sie die gespeichert? Könnte ich wenigstens *die* mal sehen? Wie viele Leute kennen Sie eigentlich, die Nacktfotos verschicken oder bekommen haben?«

»Und sind Sie eigentlich bei einer Online-Partnervermittlung? Oder sind Sie es jemals gewesen? Ich meine: Haben Sie so was mal getestet? Haben Sie persönliche Erfahrungen damit gemacht? Da haben Sie dann sicher Bilder von sich hochgeladen, einen Text über sich formuliert und dann Kontakt zu anderen Suchenden aufgenommen und dabei ganz viele kurze und vielleicht auch längere Texte geschrieben, oder? Und dann kennen Sie wahrscheinlich auch viele andere Leute, die über solche Partnervermittlungen andere Leute kennengelernt haben? Und die auch ganz viele solche Texte geschrieben haben?«

»Oder sind Sie wenigstens bei Tinder? Haben Sie da wenigstens mal kurz mitgemacht? Und? Wie war das? Also: Wie war das *genau*? Jeder, der bei Tinder war, hat doch mindestens eine verdammt gute Tindergeschichte zu erzählen. Was ist Ihre verdammt gute Tindergeschichte?«

DIESE NEUEN GESCHICHTEN VON DER LIEBE, DIE WIR UNS ERZÄHLEN KÖNNEN, SIND VIEL INTERESSANTER ALS DIE GROSSEN PESSIMISTISCHEN THESEN

**WEIL DIESE GESCHICHTEN
VON DETAILS BERICHTEN,
VON KLEINIGKEITEN,
VON ABSONDERLICHKEITEN,
VON KLEINEN BEWEGUNGEN
UND WENDUNGEN,
DIE WIR SO NOCH GAR
NICHT KANNTEN**

Nimm solche Geschichten mit dem Smartphone auf. Leg Dir ein Archiv von Liebesgeschichten an. Dann wirst Du später hören können, *wie* diese Geschichten erzählt worden sind.

Das ist nur logisch: Natürlich ändert sich auch die Art und Weise, wie wir weitergeben, was uns passiert, wenn sich schon alles ändert.

Deshalb frag die Leute, die mit großen Worten über das Ende der Romantik, der Liebesbriefe und der echten Liebe in der Netzkultur reden:

»Haben Sie vielleicht eine gute Gayromeo-Story? Ach, Sie haben keine Gayromeo-Story? Sie haben sogar überhaupt keine Gayromeo-Erfahrung? Oder Erfahrung mit Lesarion? Ach so. Sie sind nicht schwul? Nicht lesbisch? Vielleicht bi-sexuell? Oder irgendetwas Zartes, Interessantes in diese Richtung? Oder irgendwas dazwischen, eine feine Abstimmung oder Vermischung von Gefühlen, Ideen und Wünschen?«

»Und selbst wenn man sich sicher ist, was die eigenen Wünsche betrifft: Man könnte doch trotzdem mal ein Profil einstellen und ein bisschen herumschauen? Um zu gucken, was da in den Foren so passiert? Vielleicht gibt es ja Sachen, die einem plötzlich doch gefallen und die vielleicht doch nicht so schlecht sind. Oder sogar interessant, spannend, vielversprechend. Man lernt auf jeden Fall etwas über die anderen, wenn man sich wenigstens mal anguckt, womit die sich beschäftigen. Denn auf jeden Fall gilt doch auch für Sie: Man sollte so etwas unbedingt angeguckt haben, wenn man mit großen Thesen über die Veränderung der Liebe spricht.«

»Oder lassen Sie uns wenigstens über die Pornoclips reden, die Sie sich zuletzt im Netz angeschaut haben. Alle schauen doch was davon. Nur mehr oder weniger heimlich, das ist der Unterschied. Wie ist es bei Ihnen? Welche Seiten klicken Sie an? Was finden Sie gut? Welche Clips gefallen Ihnen? Was erregt Sie? Was könnte Sie erregen? Gibt es Sachen, die Sie im Netz gesehen haben und die Sie erstaunt haben? Oder die Sie gar nicht gut fanden? Hatten Sie irgendwann das Gefühl, süchtig zu werden? Hatten Sie das Gefühl, zu verrohen? Oder aber empfindlicher zu werden? Was haben die Pornos mit Ihnen gemacht? Haben Sie sich jemals mit anderen darüber unterhalten? Wollen wir beide uns darüber unterhalten? Wollen wir ein paar Filme gucken? Jetzt? Nur damit wir wissen, wovon wir überhaupt reden, wenn wir davon reden, dass sich die Liebe so grundsätzlich verändert, weil so viele pornographische Filme gesehen werden.«

LASS DIR VON DENEN,
DIE SAGEN, DASS
KEINE
LIEBES
BRIEFE
MEHR GESCHRIEBEN
WERDEN UND ES DESHALB
MIT DER ROMANTISCHEN
LIEBE ZU ENDE GEHT,
IHRE ERFAHRUNGEN
MIT DEN VERÄNDER-
UNGEN DER LIEBE
SEHR GENAU
BERICHTEN

Und sollten sie gar keine Erfahrungen haben, sollten sie vielleicht überhaupt keine Ahnung von dem haben, was sie erzählen, sollten sie das alles wirklich nur vom Hörensagen kennen, von der misstrauischen Beobachtung ihrer Kinder, Schüler, Studenten, Nachbarn oder Kollegen, vom Lesen alter Feuilletons oder kritischer Artikel, in denen auch nur abstrakte Meinungen über Dinge weitergegeben werden, die die Autorinnen und Autoren gar nicht kennen, dann schüttle ruhig ein bisschen vorwurfsvoll den Kopf und sag: »So geht das aber nicht.«

Und sollten sie Dich dann fragen, ob man denn jeden Quatsch mitmachen muss, wenn man sich ein Urteil bilden möchte und doch einfach nur sagen will, dass eben keine Liebesbriefe mehr geschrieben werden und dass all diese Dinge den Beziehungen zu unseren Lieben überhaupt nicht zuträglich und förderlich sind, dann sollte die Antwort lauten:

»Doch, natürlich. Das muss man. Man muss dabei sein. In diesem Fall muss man das sogar unbedingt.«

Sag, man muss schon deshalb mitmachen, weil ja behauptet wird, dass mit der Liebe alles anders wird. Und wenn tatsächlich alles anders wird, dann heißt das ja: Das Neue kann man gar nicht richtig mit dem verstehen, was man schon kennt.

Denn wenn man das Neue nur durch das Alte verstehen will, muss man zwangsläufig stehenbleiben.

Alles, was kommt, muss man dann fürchten.

Und man bleibt so ziemlich blind für die eigene Gegenwart.

Und man sucht nach Liebesbriefen, die so aussehen wie die Liebesbriefe, die früher einmal geschrieben wurden. Und findet keine. Und ist enttäuscht, weil man nur Kurznachrichten findet, Selfies, Clips und Klicks und Likes, die alle so eigenartig aussehen, dass man sie sich lieber gar nicht genauer angucken will.

Das ist dann aber so, als würde man Augen nur für die Vergangenheit haben und nichts von dem sehen wollen, was gerade eben jetzt mit uns und unserer Liebe passiert.

Dabei ist doch genau das jetzt so wichtig. Denn wenn jetzt alles anders wird, wenn alles mit der Liebe und überhaupt unseren Beziehungen anders wird und wir mittendrin in dieser Veränderung sind, dann sollte man auch *wirklich* dabei sein, um zu begreifen, was da passiert.

Dann macht man noch einmal sein Smartphone auf und zeigt allen, die einem schlechte Laune machen wollen, weil keine Liebesbriefe mehr geschrieben würden und die ganze Sache mit der Romantik erledigt sei, etwas Erstaunliches:

ES WERDEN LAUTER LIEBES BRIEFE GESCHRIEBEN

DAS IST DER ANFANG DER NÄCHSTEN ROMANTIK

DAS IST
DER ANFANG
DER
NÄCHSTEN
GROSSEN
LIE
BE

UND DU BIST

MITTEN
DRIN

ICH BIN

MITTEN
DRIN

WIR ALLE SIND

MITTEN
DRIN

Wenn Deine Apps geöffnet sind, dann zeig doch mal, was Du tatsächlich machst, wenn Du mit ihnen schreibst. Zeig, was tatsächlich passiert, wenn dort geschrieben wird.

Denn da passiert was ziemlich Großes. Und Du bist mittendrin.

Die erste Entdeckung ist:

Das Schreiben über Liebe explodiert. Noch nie haben Liebende sich gegenseitig so viel geschrieben. Und noch nie haben sie dabei so viel Neues produziert.

Egal, wie alt Du bist. Wenn Du ein Smartphone hast, fliegen Dir die Liebesbriefe in unbekannten Formen und Fetzen um die Ohren. Und sind vielleicht deshalb so schlecht zu erkennen.

Es gibt auf jedem Smartphone Liebesmails, Kurznachrichten und Botschaften, die von Sehnsucht, Zartheit, Lust und Begehren angetrieben werden.

Schau genau hin. Sie liegen in den Ordnern der Programme wie in kleinen Schachteln: in miniaturisierten Archiven, die in sich ganz verwinkelt sind.

Manchmal bestehen sie aus nur zwei, drei Wörtern. Dann gibt es längere, fragmentarische, provisorische Stücke, die man nur verstehen kann, wenn man weiß, dass sie sich auf Texte beziehen, die andere zuvor geschrieben haben.

Denn das ist die zweite erstaunliche Entdeckung, die Du machst, wenn Du Dein Smartphone öffnest und nicht nach den alten, sondern nach den neuen Liebesbriefen suchst:

Das Smartphone funktioniert nicht wie ein Notizbuch, in das bloß ein Einzelner schreibt. Das Smartphone ist ein Kommunikationsgerät.

Alles in ihm ist auf Verknüpfung angelegt. Alle Texte haben ein Gegenüber. Es gibt hier unendlich viele Stücke, die von den geschriebenen Worten anderer umstellt sind.

Wenn man genau hinschaut, erkennt man:

Alle Stücke sind in Bewegung.

Alle wollen sich mit anderen kurzschließen. Sich an ihnen aufladen. Ihre Ladung weitergeben. Und tun das auch.

Denn die dritte erstaunliche Entdeckung ist:

Pausenlos wird weiter produziert. Ein Text antwortet manchmal in Sekundenschnelle auf einen anderen. Es sind Textwechsel in Lichtgeschwindigkeit.

Immer neue Stücke werden angelagert und verknüpft. Auf den Geräten häufen sich die Sendungen. In den Schachteln kann es ganz unterschiedliche Bewegungen geben. Manchmal passiert in einer gar nichts. Dann aber surrt und summt und raschelt es wieder im Sekundentakt.

SCHAU ZU,
WIE DAS
LIEBES
ARCHIV
AUF DEINEM
GERÄT
IMMER WEITER
WÄCHST

STAUNE ÜBER
DAS UNENDLICHE
TIPPEN
UND
RAUSCHEN
UND
MURMELN
VON GESCHRIEBENEM

Wer hätte sich vor ein paar Jahren vorstellen können, dass wir mit unseren Geräten immer und überall sitzen, stehen und gehen würden, um an jedem Ort Texte zu empfangen, Texte zu lesen, eigene Texte in unsere Geräte zu schreiben und sie abzusenden, damit sie in anderen Geräten landen?

Wer hätte gedacht, dass man in den Städten Schilder aufstellen würde, um vor Kindern, Jugendlichen und Erwachsenen zu warnen, die den Blick beim Gehen nicht mehr auf die Straße richten, sondern die Texte schreiben?

Und wer hätte gedacht, dass das alles nicht auf eine einzige vorherrschende Weise passiert, sondern permanent neue Arten und Weisen des Schreibens und Lesens hervorbringt?

Wer hätte gedacht, dass wir das Schreiben und Lesen neu erfinden?

Es folgt nämlich die fünfte erstaunliche Entdeckung:

In jeder Schachtel wird anders geschrieben und gelesen. Whatsapp funktioniert anders als Snapchat. Instagram funktioniert anders als Tinder. Und Twitter anders als Facebook.

Mit jedem Programm öffnen sich neue Bedingungen und Möglichkeiten, an den eigenen Texten zu schreiben und sie mit anderen zu verbinden.

Jedes Programm hat eigene Gesetze. Und jedes dieser Gesetze hat seine eigene Geschichte. Und in jede dieser Geschichten schreiben sich die ein, die es benutzen.

Schreiben heißt hier also nicht, dass immer klar ist, wie geschrieben wird.

Schreiben heißt hier: Du musst in Hochgeschwindigkeit testen, was geht und was nicht.

Wer so schreibt, der schreibt in einer äußerst offenen Situation. Man sollte nie vergessen, wie offen sie ist. Wie ungesichert. Wie oft man hier in Fallen tippen kann. Wie viel schiefgehen kann.

Wer sich das klarmacht, der macht eine sechste erstaunliche Entdeckung:

Geschrieben werden unter den neuen Bedingungen keine abgeschlossenen Texte. Geschrieben werden Gelenkstücke, Schaltstellen, in denen sich verschiedene Medien verbinden.

Es sind leuchtende Collagen, Mixes, Mashups, die zeigen, wie sich elektrisierende Kontakte zwischen unterschiedlichen Materialien herstellen lassen. Sie zeigen, wie man spielerisch Beziehungen knüpft.

Jedes einzelne Stück, das hier versendet und empfangen wird und in dem bislang Unverbundenes verbunden wird, um Effekte hervorzubringen, die man so zuvor noch nicht gesehen hat, sagt: So geht Liebe, schau mir zu!

Manche sind bestückt mit Emojis, durch die sich die Nachrichten in kleine Rätselspiele verwandeln, in denen auf ganz einfache Weise etwas gezeigt und zugleich auf witzige Weise verborgen wird.

Dazu kommen Bilder. In Deinem Gerät sammeln sich unzählige Bilder. Selbst fotografierte, kopierte, empfangene, bearbeitete Bilder.

Du hältst sie in Bewegung.

Manchmal stellst Du ihnen Texte voran, um etwas zu erklären. Manchmal schreibst Du etwas darunter. Manchmal schreibst Du etwas direkt auf das Bild. Mal mit Druckschrift über die Tastatur, mal mit dem Finger direkt über den Bildschirm auf die Fläche.

Manchmal setzt Du Filme dazu. Selbstgemachte. Filme, die Du heruntergeladen hast. Du verschickst Links zu anderen Texten, zu anderen Bildern und Filmen, die irgendwo im Netz zu finden sind und auf die Deine Texte dann einfach nur verweisen, die sie um neue Rätselspiele erweitern.

Und es gibt Audios. Es gibt Musik, Playlists, Geräusche, selbst hergestellte Mitschnitte, Eingesprochenes.

Lass etwas von Dir hören.

Vielleicht summst Du etwas ein. Vielleicht lässt Du raten, welcher berühmte Song es ist.

Vielleicht atmest Du nur leise ins Mikrofon und lässt jemanden zuhören, wenn Du abends auf dem Bett liegst, verliebt bist, nachdenkst, herumspinnst und immer weiter leise dabei atmest. So dass man es kaum hören kann.

Und dann sagst Du: »Ach, du!«

Oder vielleicht denkst Du laut nach und nimmst das auf. Und sendest zwanzig, dreißig Minuten Monolog, die Dokumentation eines Gesprächs, ein vorgelesene Erzählung, ein Gedicht, dazu eine kleine Erklärung oder auch nur die Positionsangabe.

UND DU SAGST:
DU. MEINE LIEBE.
MÍ AMOR.
ICH BIN GERADE HIER
UND WARTE AUF DICH.
ICH WARTE,
BIS DU DA BIST

Man sollte sich das alles, was da entsteht und gesendet und empfangen wird, ganz genau ansehen und anhören.

Vor allem *Du* solltest Dir ganz genau ansehen und anhören, was Du da machst. Und Du solltest es weiter ausprobieren.

Damit Du darüber staunen kannst, was in all den Schachteln auf Deinem Smartphone passiert.

Damit Du darüber staunen kannst, was für eine unglaubliche Vielfalt sich in den letzten Jahren für das Schreiben von Liebesbriefen entwickelt, die sich immer weiter verzweigt und neue Anschlüsse für neue Möglichkeiten schafft.

Wenn man nämlich über all das staunen kann, macht man gleich die siebente Entdeckung:

Es ist ja gar nicht festgelegt, was man verschickt und wie man es verschickt. Nicht festgelegt ist, für wen es sichtbar wird, wen man liest und was man liest. Nicht festgelegt ist, wo man das tut, also mit welchem Programm, mit welcher App oder in welcher Abfolge von Programmen.

Das alles legt man selbst fest. Und man legt es zusammen mit dem anderen fest, wenn man zu schreiben beginnt. Indem man es gemeinsam ausprobiert.

Es ergibt sich aus immer neuen Reihen von Versuchen, von Entscheidungen, von Erfahrungen, von neuen Ideen und ihren Realisierungen. Und es verändert sich mit der Zeit.

Sich gegenseitig zu schreiben heißt hier also nicht, einfach nur Texte herzustellen.

Schreiben heißt auch nicht mehr, nur eine Art Archiv zu füllen.

Das Archiv Deiner Beziehungen und Deiner Liebe wird pausenlos weitergeschrieben und weitergebaut. Und Du treibst das voran. Du arbeitest zusammen mit anderen an einem Schreibraum mit vielen Schachteln, durch den Ihr Euch gemeinsam bewegt.

Es ist so banal und doch so ganz und gar interessant:

WENN ZWEI
SICH HIER FINDEN
UND VERBINDEN,
WIRD IM HIN UND HER
HIN UND HER
ENTSCHIEDEN,
WIE GESCHRIEBEN
UND GELESEN WIRD

SENDUNG
FÜR SENDUNG
KNÜPFEN SICH
DIE LIEBENDEN
DAS NETZ,
IN DEM SICH
IHRE BOTSCHAFTEN
HIN UND HER
BEWEGEN

Ausprobiert wird, wie man sich Nachrichten sendet. Ob und wie man zum Beispiel Facebook nutzt. Was man dort von sich und über sich zeigt und was man versteckt und was man sich stattdessen nur unter vier Augen hin und her schickt.

Ausprobiert wird, ob das Senden von Bildern und Texten bei Instagram eine Rolle spielt. Ob es eine Dropbox gibt oder einen anderen gemeinsamen Ordner in der Datenwolke, in dem man Aufnahmen sammelt, jeder aus seiner Kamera, die Stück für Stück ein Tagebuch ergeben, in dem man später nachschlagen kann, um zu sehen und zu verstehen, was für eine Geschichte man zusammen geschrieben hat.

Ausprobiert wird, ob es einen Ort für all die Sachen gibt, die man sich schickt.

So wie es manchmal kleine Kisten gibt, in denen Liebesbriefe aus Papier zu kleinen Paketen zusammengeschnürt liegen, so kann es Dateien geben, Ordner, in denen noch jeder kleinste Text gesammelt wird, den man sich schickt.

Vielleicht druckt man auch aus, was man sich schreibt, bindet es und stellt es ins Regal zwischen die anderen Lieblingsbücher.

Vielleicht wird man es später seinen Kindern zeigen. Die werden wissen wollen, wie eigentlich alles angefangen hat und wie man gesprochen hat und von was man geträumt hat. Zum

Beispiel von ihnen, lange bevor sie auf der Welt waren und nur in den Sendungen zwischen den Smartphones präsent waren.

Aber ob es solche gebundenen Bücher gibt oder echte oder virtuelle Schachteln, in denen mit jeder Sendung die Liebe ihre Geschichte weiterschreibt – das muss man entscheiden.

So wie im Hin und Her des Schreibens zwischen den Liebenden entschieden werden muss, ob und wie man sich auf Snapchat begegnet. Welche Botschaften man sich sendet: auf Bildern, in Zehn-Sekunden-Filmen, die für alle sichtbar sind. Oder aber mit Bildern, die als Nachrichten geschickt werden, Reihen von Kürzestfilmen mit eingeschriebenen Botschaften, mit eingesprochenen Worten, vielleicht wie in einer Art Spiel, bei dem alle Mitspielenden etwas von sich sagen und zeigen, was sie nur jetzt und auch nur sich zu zweit oder zu dritt oder zu viert sagen und zeigen wollen.

Hin und her wird entschieden, ob und wie lange man in den Räumen von Tinder bleibt oder in andere Räume wechselt, rüber ins Mailprogramm, zu Whatsapp, Twitter oder sonst wohin, wo man sich gegenseitig schreibend und lesend zusehen kann.

Und entscheiden wird man dann auch irgendwann, wie man die Programme nutzt, die es als Nächstes geben wird. Und ob und wie man diese Programme mit den Räumen verbinden wird, in denen man sich begegnet, um sich mit den Augen zu sehen, Worte zu sprechen, aufeinander zu zeigen, sich mit den Fingern zu berühren, mit den Schultern und Gesichtern, den Lippen.

Wenn zwei sich treffen und lieben, ist die Frage dauernd, laufend, immer wieder, wie all das mit den Räumen verknüpft ist, in denen sie sich sehen, sich berühren und Kaffee trinken, Botschaften auf Servietten schreiben und lieben und vielleicht miteinander schlafen und dabei lauter neue Stücke sprechen und sich versprechen und schwören und sich wieder lösen, um sich dann wieder in den Räumen auf den kleinen Bildschirmen in dauernden Verwandlungen wiederzusehen und neu zu entwerfen, um sich dann wiederzusehen und wieder zu berühren und immer weiter hin und her zwischen dem, was früher mal die Wirklichkeit hier und das Virtuelle dort genannt worden ist, aber sich für alle Liebenden längst ineinandergeschoben und verschachtelt hat, weil sich die Liebe aus der Verbindung von beidem zu etwas Neuem bildet und sich in der Verbindung von beidem zu etwas Neuem weiterentwickelt.

In den Bewegungen durch diese verschachtelten Räume werden jetzt unsere Liebesgeschichten geschrieben.

Und dabei gilt, dass jede Geschichte anders ist.

Weil sie anders geschrieben wird. In anderen Kombinationen. In anderen Folgen und Rhythmen. In anderen Formen und

Formaten, mit anderen Wechseln von Schachtel zu Schachtel, von Archiv zu Archiv.

Man sollte sich das alles anschauen und wirklich mal darüber staunen, was für ein riesiger, eigenartiger Raum hier in nur wenigen Jahren entstanden ist. Und wie sich die Liebenden darin bewegen.

Es ist ein verwirrender Ort, für den es keine letzten Regeln gibt, die Sicherheit geben, wie man sich zu bewegen, zu begegnen und zu benehmen hat.

Er wird über vernetzte Medien gestaltet. Über Gewebe, an denen dauernd weitergewoben wird.

Verliebt zu sein oder zu lieben und überhaupt: Beziehungen zu knüpfen, zu führen, zu gestalten.

Verliebt zu sein und zu lieben heißt: permanent weiterzuweben.

Hier gilt: Die Beziehungen gewinnen an Dichte und Bedeutung über die Bilder und Texte, die zwischen den Beteiligten kursieren.

Sie erzeugen ihre Bedeutungen über die Dinge, die man miteinander teilt.

GELINGENDE BEZIEHUNGEN ENTSTEHEN DURCH GELINGENDE ZIRKULATIONEN

WAS MISSLINGT, MISSLINGT ALS BEWEGUNGSFIGUR, MIT DER MAN LIEBEND SENDET UND EMPFÄNGT

So werden also Liebesbriefe geschrieben.

Nur noch selten auf Papier. Und nur selten noch mit einem Stift.

Sie werden nicht mehr als Text geschrieben, dessen Zeilen man mit dem Auge folgen muss.

Geschrieben werden Liebesbriefe jetzt als dynamische Texturen, die in verschachtelten Räumen unzählige individuelle Bewegungen ergeben.

Was jetzt geschrieben wird, hat mit dem, was man sich vom Schreiben so denkt, so gut wie gar nichts mehr zu tun. Das alles gab es vor zehn Jahren noch nicht. Vieles davon gab es noch nicht einmal vor fünf.

Einige Programme, die wir bedienen, gibt es gefühlt erst seit gerade eben. Und dauernd kommen neue hinzu. Sie werden wieder abgelöst, umgebaut, erweitert und mit neuen Funktionen versehen, die wieder neue Bedingungen und Möglichkeiten schaffen, Texte zu schreiben.

Vermutlich gab es das in ähnlicher Weise mit einer ähnlichen Bewegungsfigur bloß einmal vorher.

Sag den Leuten, die behaupten, dass keine echten Liebesbriefe mehr geschrieben werden und es aus und vorbei ist mit der romantischen Liebe, dass es diese eigenartige Situation, in der Du jetzt schreibst, wenn Du auf Deinem Smartphone tippst, vermutlich nur einmal vor rund zweihundert Jahren gab.

Nämlich ausgerechnet in der Zeit, in der durch unzählige Tests, durch ein fortwährendes Ausprobieren und Weiterentwickeln, der romantische Liebesbrief erfunden wurde. Mit einer ganz neuen, alles verwandelnden Vorstellung von Liebe, bei der man eine ganz neue, alles verwandelnde Sprache der Liebe spricht.

BLEIB STEHEN UND SAG, DASS WIR GERADE DEN LIEBES BRIEF NEU ERFINDEN

Vielleicht sollte man die Leute, die Dir schlechte Laune machen wollen, weil angeblich keine romantischen Liebesbriefe mehr geschrieben werden, darauf aufmerksam machen, dass sie gar keine Ahnung von Romantik haben.

Wir sollten ihnen sagen, dass *wir* jetzt wohl oder übel die wahren Romantiker sind.

Weil wir wohl oder übel mittendrin sind und nicht genau wissen, was mit uns passiert.

Weil wir wohl oder übel nicht anders können, als mit der Gegenwart zu experimentieren und dabei etwas Neues zu entwerfen.

Aber wie sollte es auch anders gehen, wenn es um Liebe geht?

Vielleicht glauben die Schlechtgelaunten ja tatsächlich, dass Romantik etwas mit Papier und Stift zu tun hat. Und dass die Romantik verfliegt, sobald ein anderes Medium im Spiel ist.

Für die Schlechtgelaunten besteht das Romantische wohl darin, dass es rückwärts aus der Gegenwart in ein anderes, ihrer Vorstellung nach wahrhaftigeres Zeitalter fällt.

Ein echter Romantiker bist Du darum für sie nur dann, wenn Du Dich in Zeiten zurückträumst, die ein für alle Mal vorbei sind.

Echt romantisch unterwegs sein darf man offensichtlich nur als Melancholiker, der das Vergangene gegen die Gegenwart aufrechnet und dabei immer nur Verluste feststellt.

Die Liebe ist wie ein Paradies, das wir verloren haben. Dort haben sich die Menschen noch direkt getroffen, statt sich nur auf den Bildschirmen zu sehen. Sie haben sich gegenseitig die Herzen geöffnet, um sich zu berühren und dabei zu spüren, dass man schicksalhaft zusammengehört. Sie lebten jenseits der Medien, *face to face*. Sie verloren sich nicht in virtuellen Welten. Sie matchten keine Dates, verschickten keine Emojis, annoncierten keine Beziehungen, tauschten keine Whatsapp-News, drehten keine Videos und nahmen keine Audios auf, um sie zu verschicken.

Sag denen, die meinen, dass es so um die Liebe bestellt ist, zuallererst: Das alles ist furchtbarer Quatsch.

Denn das, wovon sie reden, hat mit der Romantik gar nichts zu tun.

Sag: Die Romantik war keine Bewegung, die sich in vergangene Zeitalter zurückbeamen wollte.

Im Gegenteil. Die Romantik war Teil einer großen Medienrevolution.

ROMANTIKER PROBIEREN DAS NEUESTE AUS

ROMANTIKER

WOLLEN DURCH EXPERIMENTE MIT DEN NEUESTEN MEDIEN DAS SCHREIBEN, PUBLIZIEREN UND LESEN REVOLUTIONIEREN

Natürlich stimmt es, dass sie das vor etwa zweihundert Jahren alles mit Papier gemacht haben.

Aber das haben sie nur deshalb gemacht, weil man eben zu ihrer Zeit mit handbeschriebenem und bedrucktem Papier die neuesten verrückten Sachen anstellen konnte.

Und die Romantiker haben wirklich verrückte Sachen angestellt. Gegen den Widerstand von allen, die ihnen das Neue schlechtreden wollten.

Gegen die Hüter der Tradition. Gegen die zürnenden, drohenden und belehrenden Stimmen aus der Politik, der Kirche und der Erziehungsanstalten, die vor dem Romantisieren der Welt durch Kunst und Musik und Literatur warnten, weil sie befürchteten, dass mit ihnen langsam, aber sicher zerstört wird, was die Gesellschaft zusammenhält.

Wer sich die Romantik heute nicht als provokative Medienavantgarde vorstellt und stattdessen nur an Gedichte, Romane und Bilder denkt, in denen der Wunsch besungen wird, auf stille Weise eins zu werden mit der Natur, der streicht das Wichtigste an der Romantik weg.

Und wer das Wichtigste an der Romantik wegstreicht, landet beim Kitsch.

In den Kunstwerken der Romantik mögen immer wieder Heldinnen und Helden auftreten, die selbst aus der Gegenwart fliehen oder mit Macht aus ihr hinausgejagt werden.

Aber man muss genauer hinschauen. Denn die romantischen Heldinnen und Helden erscheinen nun mal vor allem *in* den neuesten Medien, die neueste Zirkulationen ermöglichen. Sie werden in einer explodierenden Druckkultur geschrieben, vervielfältigt, verteilt. Und sie werden genau in jener Gegenwart gelesen, deren Eigenartigkeit in den Texten verhandelt wird.

So fallen die Romantiker gerade *nicht* aus der Gegenwart hinaus.

Die Romantiker fallen in die Gegenwart der neuen Medien hinein.

Das tun sie, weil sie begriffen haben, dass sich in diesen neuen Medien und mit den neuen Medien phantastische Räume erfinden und aufschließen lassen, die über die einfache Wirklichkeit hinausgehen. Diese neuen Räume liegen keineswegs nur irgendwo da draußen. Diese neuen Räume lassen sich in jedem öffnen, der lesen und schreiben kann.

Wer romantisch lesen kann, ist mittendrin statt nur dabei.

Denn dann lassen sich die Räume so verkoppeln, dass der Eindruck entsteht, man könne vom einen in den anderen Raum wechseln.

Von der Innenwelt der Außenwelt zur Außenwelt der Innenwelt und durch die Außenwelt wieder zurück.

Dabei passieren in den Werken der Romantiker ziemlich aufregende und verwirrende Dinge.

Wer ihre kunstvoll verschachtelten Erzählungen liest, kann in ihnen versinken. Und umgekehrt können die Figuren aus den Erzählungen wie Traum- und Phantasiegestalten ins wirkliche Leben eintreten.

So finden sich Lesende und Gelesene, Schreibende und Geschriebene in Welten wieder, die Dimensionen haben, mit denen bis dahin keiner so richtig gerechnet hat.

Rätselaufgaben werden gestellt. Geheime Botschaften werden übermittelt. Menschen werden verwandelt. Verborgenes wird entdeckt.

Vergangenes wird enthüllt. Masken werden auf- und abgesetzt. Doppelgänger erscheinen. Und in den Dingen schlafen Lieder, die zwar noch träumen, mit denen man aber die Welt zum Singen bringen kann. Wenn man nur das Zauberwort kennt.

Mit diesem unberechenbaren Durcheinander führen die Romantiker vor:

Die neuen Medien sind gerade nicht darauf angelegt, klare Verhältnisse zu schaffen. Wer mit ihnen experimentiert, erzeugt einen Überschuss, der mit den alten Herangehensweisen nicht mehr zu verstehen ist.

Die neue Medienkompetenz heißt: Die Welt romantisieren.

Und zwar so lange, bis man gar nicht mehr anders kann, als zu denken, dass alles mit allem zusammenhängt. Und dass man es noch nicht ganz versteht. Und dass man neugierig und experimentierfreudig sein muss, um die Zusammenhänge zu erkunden.

Aufgabenstellung der romantischen Künstler ist, genau von dieser neuen Unübersichtlichkeit eine Ahnung zu geben. Dafür wollen sie mit der Herstellung von Zusammenhängen herumprobieren.

Wer als romantischer Künstler neue Räume erfindet, öffnet, verbindet und begeht, der formt das Gefühl für etwas, das noch zu erwarten ist.

Und genau deshalb sind die romantischen Künstler große Liebesbriefschreiber.

DER ROMANTISCHE LIEBESBRIEF IST KEIN RETROPROJEKT

DER ROMANTISCHE LIEBES BRIEF IST EIN EXPERIMENT MIT NEUESTEN MEDIEN

Denn romantische Briefeschreiber können neue Räume erfinden und erkunden. Und diese Räume können sie so verbinden, dass eine vieldimensionale Welt entsteht, in der sie entwickeln, was für sie Liebe heißt.

Das ist das große Versprechen des romantischen Briefes: dass vorher niemals feststeht, wie aussehen wird, was sich im Hin und Her der Worte und Dinge ergibt.

Romantischerweise entsteht alles erst dann, wenn zwei einander so verbunden sind, dass sie sich in dem, was sie sich schreiben und was sie von sich lesen, wie in einem Labor ihrer Zweisamkeit bewegen.

Und richtig romantisch ist man erst dann, wenn man sich dabei gegenseitig die Innenwelten und Außenwelten seiner Innenwelten und Außenwelten entwirft und Bilder, Situationen, Konstellationen, Geschichten, kleine Ideen und Theorien für das erfindet, was man fühlt und erlebt.

HIER GIBT ES
DIE LIEBE NICHT
**FIX UND
FERTIG.**
MAN KANN DIE LIEBE
NICHT IRGENDWO
ABHOLEN

ROMANTISCHE LIEBE MUSS, WOHL ODER ÜBEL, ERFUNDEN, GESCHRIEBEN, GELESEN, GESTALTET WERDEN

WER ROMANTISCH LIEBEN WILL, MUSS SICH IN EINE LIEBESARTISTIN ODER EINEN LIEBESARTISTEN VERWANDELN

WER ROMANTISCH LIEBT, MUSS IM ZUSTAND DER **UNGEWISSHEIT** UND **UNSICHERHEIT** **PRODUKTIV UND KREATIV SEIN**

Was dabei herauskommt, hängt allein von den beteiligten Artisten ab.

Es kommt auf ihre Bereitschaft und ihr Können an, in ein Spiel einzutreten, von dem keiner so richtig weiß, wie es ausgeht.

Wenn zwei sich als Romantiker treffen, muss die Liebe jeweils ausgehandelt, ausprobiert, entwickelt, ausgesponnen und getestet werden.

Die romantische Liebe ist also kein Zustand.

Die romantische Liebe ist eine nervöse Aktivität, die sich zwar immer auch für die Vergangenheit und sehr stark für die Gegenwart, vor allem aber für das interessiert, was als Nächstes passiert.

Und der Liebesbrief hält die romantische Liebe durch Zirkulation in Bewegung.

Jeder Brief erfindet, entwickelt, phantasiert und testet.

Jeder Brief bringt nächste Worte, nächste Erinnerungen hervor.

Wer Liebesbriefe schreibt, liefert nächste Geschichten, nächste Phantasien, nächste Ideen und Theorien. Er macht Vorschläge, was man als Nächstes ausprobieren könnte.

Jeder Liebesbrief öffnet damit neue Räume, die mit den anderen so verbunden sind, dass man sich durch sie hindurchbewegen kann.

Das klingt anstrengend. Und das ist es auch. Es ist kompliziert. Wir alle kennen das.

Romantische Liebe ist keine Idylle, in der die Zeit stillsteht.

Romantische Experimente sind nicht darauf angelegt, dass sich zwischen den Liebenden alles in Wohlgefallen auflöst.

Wer romantisch experimentiert, legt es darauf an, dass alles in Bewegung kommt und in Bewegung bleibt. Und arbeitet dafür mit Spannungen, Widersprüchen, Paradoxien und immer wieder neuen Herausforderungen.

Weil das so ist, interessieren sich die Liebesgeschichten der Romantik kaum für das Gelingen.

Die Operationen am offenen Herzen, von denen sie berichten, haben nur sehr wenig mit dauerhaftem Lebensglück und Entspannung zu tun.

Romantisch geknüpfte Liebesgeschichten sind stattdessen äußerst riskant.

Wer romantisch liebt, löst den Normalkontakt zur Realität. Wer sich verliebt, wird hinauskatapultiert aus seiner üblichen Verfassung. Und verliert an Zurechnungsfähigkeit.

Liebende bekommen Schwierigkeiten mit den Koordinaten von Zeit und Raum. Die erscheinen mal verkürzt, mal verlängert, mal verdichtet, mal chaotisch in Partikel zerlegt.

In den Liebesbriefen wird die Erfahrung gänzlich neuer Dimensionen beschworen, in denen jeder dauernd Gefahr läuft, sich zu verirren. Und manche finden dann eben auch nicht wieder zurück. Sie werden traurig, melancholisch oder sogar verrückt.

Für romantisch Liebende ist deshalb statistisch gesehen das Unglück viel wahrscheinlicher als das Glück.

Dass die Liebe ewig dauert, ist auch dann so gut wie ausgeschlossen, wenn von den Liebenden ihre ewige Liebe beschworen wird. Es gilt die Formel: Je mehr von Ewigkeit gesprochen wird, umso schwieriger wird es schon nach kurzer Zeit.

Die Liebesbriefe geben den Liebenden die Möglichkeit, sich wechselseitig auf dieses Dauerproblem von vorgestellter Ewigkeit und erlebter Vergänglichkeit aufmerksam zu machen.

Tatsächlich sind Liebesbriefe voll mit Versuchen, die Widersprüche, Paradoxien und Herausforderungen zu bearbeiten, mit denen man es von Tag zu Tag als romantisch Liebender zu tun hat. Und *bearbeiten* heißt: sie zu lösen versuchen und sie zugleich in Gang zu halten.

Deshalb entsteht in den Liebesbriefen nicht das Gegenteil von Wirklichkeit. Im Gegenteil. Die Wirklichkeit der romantischen Liebe entsteht hier.

DER

LIEBES
BRIEF

SCHAFFT EINE
WIRKLICHKEIT,
IN DER SICH
DIE LIEBENDEN
BERÜHREN KÖNNEN,
OHNE EINANDER
ZU BEGEGNEN

DER

LIEBES BRIEF

IST DER GANZ REALE RAUM, IN DEM DIE GETRENNTEN RÄUME DER LIEBENDEN VERBUNDEN, VERSCHACHTELT UND IN IHRER VERSCHACHTELUNG GETESTET WERDEN

Statt die neuen Medien auszuschalten, geht es den Romantikern beim Schreiben ihrer Liebesbriefe darum, produktiv mit deren Komplexität und den damit verbundenen Unsicherheiten umzugehen.

Romantisch verhält sich darum heute nicht, wer sich in die Zeit von Papier und Stift zurückträumt.

Romantisch verhält sich auch nicht, wer die Liebe als Idylle entwirft, in der zwei Menschen ungestört von allen Zumutungen der Gegenwart ineinander aufgehen.

Romantisch zu sein heißt auch jetzt, mit allen neuen Bedingungen und Möglichkeiten zu experimentieren.

Man muss Liebesbriefe schreiben.

Aber nicht mehr so wie gestern.

Sondern so, wie man als Nächstes schreibt: in neuen Räumen und mit neuen Geschwindigkeiten. In neuen Formen und Formaten. In immer neuen Zirkulationen.

Wer wirklich romantisch sein will, muss sich jetzt zur Liebe so artistisch wie zu einem Werk verhalten, für das es keine richtigen Vorgaben gibt und von dem man deshalb auch nicht weiß, was es eigentlich werden soll.

Man weiß nur, dass man jetzt etwas riskieren muss. Dass man den Normalkontakt zur Realität verlieren kann. Und dass alles auch schiefgehen kann. Dass man sogar ziemlich schmerzhaft scheitern kann. Dass man immer wieder unglücklich sein kann. Dass man immer wieder anfangen muss.

Würde man sich all das ersparen wollen, wäre man ziemlich unromantisch.

Das ist der Witz, den man verstehen muss, wenn man verstehen will, was in der Gegenwart mit der Liebe passiert.

DIE RO MAN TIKER

HABEN VOR RUND ZWEIHUNDERT JAHREN DIE GROSSE LIEBE ERFUNDEN

JETZT BRICHT DAS ZEITALTER DER NÄCHSTEN GROSSEN

LIEBE

AN

UND WIR SIND
MITTEN
DRIN

UND MÜSSEN UNS
AUSPROBIEREN

Die Herausforderung für Romantiker unter den Bedingungen der Gegenwart lautet deshalb:

Du musst mit den Verschachtelungen spielen. Du musst Dich in ihnen verirren. Du musst in ihnen auf artistische Weise mal anwesend sein und mal nicht. Du musst Dich in ihnen verstecken und zeigen. Du musst Dich verrätseln und zugleich andeuten, wie man das Rätsel lösen könnte. Als Liebende, als Liebender musst Du fassbar und unfassbar zugleich sein.

Das alles galt natürlich bereits für alle, die noch Liebesbriefe auf Papier geschrieben haben.

Aber es gilt erst recht für alle, die das Zeitalter der Papierbriefe verlassen haben und ihre Beziehungs- und Liebesgeschichten in der Gegenwart knüpfen.

Weil auf den Smartphones das Schreiben über Liebe explodiert und uns die Liebesbriefe in bisher ungekannten Formen und Fetzen um die Ohren fliegen und dabei immer neue Varianten entstehen. Und weil dabei andauernd neue Räume entstehen und so geöffnet und miteinander verbunden werden, dass man auf verwirrenden Wegen von innen nach außen und zurück wechseln muss.

Eigentlich weißt Du das längst. Aber mach doch mal ein paar Versuche, wenn Du allein bist und Dich niemand stört.

Öffne die App für die Sprachmemos. Schalte auf ON und halte Dein Smartphone an den Mund, damit Du etwas leiser sprechen kannst.

Sprich ein kleines Protokoll ein. Sag, wo Du bist. Und was Du von dort aus siehst. Geh alles durch. Und sag zwischendurch: »Das ist, was Du sehen könntest, wenn Du hier wärst.«

Sag, was für Kleidung Du trägst. Beschreibe Deine Arme. Schau Dir Deine Hände an. Erzähl, was Du mit ihnen berührst und was Du dabei denkst.

Erzähl überhaupt, was Du denkst.

Sprich drei Minuten oder vier. Halt die Aufnahme an. Such den Button für das Mailprogramm. Klick drauf. Füg die Adresse ein, an die das Audio geschickt werden soll. Und dann klick auf Senden.

Oder mach etwas anderes. Mach etwas, das Du willst. Du bist dran.

DU KANNST DIE KAMERA EINSCHALTEN UND EIN BILD VON DIR MACHEN.
EINS VON DEINEM GESICHT MIT GESCHLOSSENEN AUGEN

MACH EIN BILD
VON DEINER HAND,
WIE SIE AUF DEINER
BRUST LIEGT

Oder halt aus allernächster Nähe mit einem kurzen Video fest, wie Du den Saum Deines Hemdes berührst. Mach das Video und sag dazu: »Erklär mir, Liebe.«

Oder: »Erklär mir, Liebe, lieber nichts.«

Dann drück auf Stopp. Schreib darunter: »Selbsterklärung«. Oder: »Was ist Aufklärung?«

Häng es an eine SMS. Füge die Nummer des Empfängers ein. Und dann klick auf *Senden*.

Mach Dir klar, dass alles, was Du sendest, ein kleines Kunstwerk ist, in dem mit Nähe und Ferne gespielt wird.

Wahrscheinlich erkennst Du das gut, wenn Du selbst so ein kleines Kunstwerkstück geschickt bekommst: Dann fühlst Du über die Distanz hinweg die eigenartige Anwesenheit des anderen.

Dem Liebesbrief auf Papier wird nachgesagt, er könne die Berührung speichern, die man liebend in ihn hineingeschrieben hat. Für den Bildschirm, den man in der Hand hält, gilt das erst recht.

Du kennst dieses Gefühl wahrscheinlich gut.

Es taucht auf, wenn Du unterwegs bist und auf eine Nachricht wartest. Und die Nachricht dann plötzlich kommt.

Es taucht auf, wenn Du nachts im Bett liegst und lauschst, ob endlich das Smartphone summt. Und dann summt es.

Es taucht auf, wenn Du zwischendurch von einem Bild überrascht wirst, das dir jemand Vertrautes sendet oder das jemand postet.

Wenn Du etwas siehst oder hörst, auf das Du nicht gewartet hast und so auch noch nie gesehen oder gelesen hast, nicht jetzt jedenfalls und nicht von der Person, die Dir das da mit einem Mal schickt.

Wenn Du verliebt bist, dann weißt Du, was Liebe mit ganz gewöhnlichen Alltagsgegenständen anstellt. Denn Du weißt, dass der andere in jedem Stück, das Dir geschickt wird, trotz Abwesenheit für Dich greifbar ist. Weil es durch ihre oder seine Hände gegangen ist. Weil sie oder er das Gerät berührt, das direkt mit dem Gerät, das Du in Deinen Händen hältst, verbunden ist.

Wenn Du liebst, wirst Du Dir deshalb immer wieder Dinge einfallen lassen, mit denen Du den anderen berührst.

Du wirst das nicht tun, *obwohl* Du nur ein Smartphone in der Hand hast.

Du wirst es tun, *gerade weil* Du es hast und neue Formen des Berührens ausprobieren kannst und für den anderen da sein kannst, obwohl Du weit weg bist.

Du wirst etwas senden, weil Deine Geliebte auf der anderen Seite des Planeten wachliegt. Du wirst etwas senden, weil Dein Geliebter gerade in die U-Bahn stieg und Du ihn wegfahren siehst.

Du wirst etwas senden, obwohl der Empfänger Deiner Nachricht nur ein paar Meter entfernt von Dir drüben in der Küche sitzt.

Vielleicht wirst Du sogar etwas senden, wenn die Empfängerin ganz eng neben Dir mit Dir unter einer Decke liegt und selbst auf dem eigenen Smartphone tippt. Und dann liest, was Du gerade eben geschrieben hast. Und Dir sofort antwortet.

Wie das genau geht, was man da genau schreibt, was man senden soll, lässt sich natürlich nicht sagen.

Frag nicht nach Vorgaben. Du bist dran.

Niemand kann Dir sagen, an welche Regeln Du Dich halten sollst. Schon für die romantischen Papierliebesbriefe konnte es Vorgaben und Regeln aus Prinzip nicht geben.

Denn wenn Du es wirklich romantisch haben willst, sollte jede Sendung individueller Ausdruck Deiner individuellen Liebe sein.

Jede einzelne Sendung ist dann ein kleines Kunstwerkstück. Jede Sendung erzeugt eine rätselhafte Anwesenheit durch das, was in ihr geschrieben ist. Wie es geschrieben ist. Welche Materialien verwendet werden. Wie sie verwendet werden. Welche Dinge mitgeschickt werden. Und auch, welcher Sendungsweg gewählt wird.

Denn alles ist für den romantischen Liebesbrief bedeutend und wichtig.

Und das ist ja die Pointe der Romantik: dass alles, was die Liebe betrifft, nicht einfach schon da ist.

Jede Liebe wird gemacht. Liebe muss gestaltet werden.

Und genauso muss gestaltet werden, was Du mit dem Smartphone schickst.

WER IMMER BEHAUPTET, DASS SICH MIT DEM SMARTPHONE NUR OBER-FLÄCHLICHES, FLACHES, UNINTERESSANTES, ALLZU SCHNELL GETIPPTES VERSCHICKEN LÄSST,

HAT KEINE AHNUNG

Hör Dir doch einfach die Audios an, die zwischen Liebenden getauscht werden. Schau Dir die Fotos und Filme an, die sie sich gegenseitig senden. Lies die Messages, die in kurzen Abständen zwischen ihnen hin- und hergehen und die ihren eigenen Sog erzeugen. Versuch, sie als kleine Werke zu sehen.

Versuch zu verstehen, wie komplex die Experimente sind, die auf diese Weise von den Liebenden unternommen werden.

Weil diese Experimente nicht nur einkalkulieren, was man schickt, sondern auch, auf welchen Weg man sie sendet und auf welche Weise sie was für eine Art von Nähe herstellen.

Nähe und Distanz werden so dauernd neu definiert.

So wie es einen Unterschied macht, ob man einen Brief im Umschlag und mit Briefmarke verschickt, ihn als Flaschenpost sendet, ihn unter dem Sitz einer Parkbank befestigt oder bei jemandem auf Band spricht, so macht es einen Unterschied, ob man einen Text als Mail schreibt oder als Nachricht bei Facebook. Die SMS funktioniert anders als das Mailprogramm, das Mailprogramm funktioniert anders als Instagram.

Die SMS ist das Medium für Statements und Kommentare, Shortcuts und Snapshots. Hier musst Du Blitze senden, Pointen erfinden. Überraschendes, Schnelles, das zwischendrin auf dem Bildschirm erscheinen kann und sich gleich wieder zurücknimmt.

Im Mailprogramm nicht. Es ist gut für längere Briefe. Es ist ein Medium für monologisches Sprechen. Es bietet den Raum für größere Erzählungen, mit denen man den anderen dazu bringt, Gedankengängen und Geschichten hypnotisch immer tiefer in die Verschachtelungen zu folgen. Präsenz wird in der Mail durch die Stimme der Erzählerinnen und Erzähler erzeugt, die im Inneren der Lesenden klingen, ohne wirklich hörbar zu sein.

Bei Instagram hängt dagegen alles an den Bildern, um die sich die Nachrichten drehen, die man sich schickt, ergänzt um weitere Stücke, die man nicht öffentlich zeigt, sondern sich nur gegenseitig und nur für Momente präsentiert. Und selbst wenn man sich hier nur schreibt und gar keine Bilder zeigt, schreibt man sich doch im Raum genau hinter den Bildern.

Überhaupt spielt jener Raum eine wichtige Rolle, der sich in den sozialen Medien hinter den Timelines öffnet und in dem man sich Direktnachrichten schicken kann.

Die Liebenden bewegen sich hier nur zu zweit. Und sie kommunizieren so selbstverständlich, dass sie das selbst gar nicht als etwas Besonderes wahrnehmen. Den Raum für Nachrichten bei Facebook. Den Raum für Direct Messages bei Twitter. Den Dialogbereich bei Snapchat. Den Raum, der sich für zwei bei Tinder öffnet, wenn sie sich gematcht haben.

Es ist in diesen Räumen so, als würde man auf einer Party ganz plötzlich ohne alle anderen nur zu zweit auf einem Balkon stehen, während drinnen alle miteinander beschäftigt sind.

Oder als sei man in ein Zimmer geraten, das abgedunkelt ist und eine Tür hat, die man nur zu zweit kennt.

Wenn man will, geht man gleich wieder raus. Oder aber man bleibt. Und schreibt. Und liest. Und zeigt. Und sieht. Und spricht. Das Gefühl, sich gegenseitig exklusiv präsent zu sein, wird dabei immer stärker.

In diesen Separees sehen sich zwei beim Schreiben zu.

Es klickert leise auf meiner Seite, wenn Du die Tasten berührst. Der Messenger sagt, dass Du da bist und mir gleich ein Stück Text, einen Link, ein Bild, einen Film schicken wirst.

So nah war man sich beim Schreiben von Liebesbriefen noch nie.

Wir können uns etwas zeigen. Und etwas dazu sagen. Und wir können den anderen sehen, wie er schreibt und liest und zuhört.

Es ist, als könnten wir uns in diesem Spielraum tatsächlich berühren, ohne dass die Ferne aufgelöst ist

Wir können die Videofunktionen aktivieren. Wir können, wenn wir wollen, Skype einschalten oder bei Facetime unsere Gesichter sehen, unsere Schultern, unsere Arme, unsere Brust. Und mehr.

Und wenn wir uns so gegenseitig hören und sehen, wie wir miteinander sprechen, dann ist der Liebesbrief ganz in der Gegenwart angekommen.

Der Liebesbrief ist an den Körpern angekommen, ohne die Körper zu berühren.

DER
LIEBES
BRIEF
IST JETZT
LIVE
AUF SENDUNG

DAS HAT
NICHT MAL
DIE RO
MAN
TIK
GEKANNT

JETZT IST ES DA

UND

EX
PLO
DIERT

JETZT ÖFFNEN
SICH IMMER MEHR
VERSCHACHTELTE RÄUME,
VON DENEN
DIE ROMANTIKER
NICHT EINMAL
TRÄUMEN KONNTEN

Und wir sind mittendrin. Weil wir alle diese Räume nutzen und neue öffnen.

Weil wir in diesen Räumen rund um die Uhr kleine Kunstwerkstücke empfangen und in Umlauf bringen.

Weil wir dabei dauernd mit neuen Formen und Formaten von Nähe und Ferne experimentieren, ohne eins von beiden aufzulösen.

Jetzt sind wir da. Wir sind drin. Wir sind dabei. Und gleichzeitig sind wir es nicht.

Weil wir auf unseren Bildschirmen ein Gewebe von Räumen entwerfen, in denen wir jeweils unterschiedliche Präsenzen erzeugen. Von der schriftlichen Nachricht über die Bilder aus der fortlaufenden Gegenwart bis zum Blickkontakt in Echtzeit.

Frag herum und lass Dir von Liebenden erzählen, wie sie dieses Gewebe ausprobieren.

Und wie sie dabei mit Anwesenheiten und Abwesenheiten spielen, um sich im Hin und Her zurechtzufinden.

Und wie sie in diesem dauernden Spiel von Nähe und Ferne ihr Miteinander erfinden.

Und wie sie sich dabei selbst erfinden. Jeder für sich an seinem Bildschirm, durch den hindurch man den anderen sieht. Und immer zugleich auch sich selbst.

ROMANTISCH ZU LIEBEN HEISST IN DIESEN NEUEN RÄUMEN:

SICH IN DER LIEBE
EINRICHTEN

UND DABEI DIE LIEBE
SELBST
EINRICHTEN

ÜBER DIE EIGENE LIEBE,
DAS EIGENE BEGEHREN,
DIE EIGENEN WÜNSCHE
NACHDENKEN

SICH NACH DEN EIGENEN
VORSTELLUNGEN
UND PHANTASIEN
FRAGEN UND
DIE ANTWORTEN
IN TEXTEN UND BILDERN
FESTHALTEN

Romantisch zu lieben heißt: In diesen neuen Räumen mit dem anderen und mit sich selbst zu spielen.

Es heißt: Dem anderen und immer auch sich selbst auf der Spur zu sein. Den anderen und immer wieder sich selbst aufzuklären. Sich vorzustellen, wer man ist. Und wer man sein könnte.

Die romantische Idee ist, dass man dafür sich selbst anschauen muss. Du musst immer tiefer, immer weiter in Dir graben. Um etwas zu entdecken, das noch verborgen liegt, aber befreit werden will.

Das musst Du tun, wenn Du lieben willst: In Dir suchen, um Dich zu entdecken, zu befreien und zu zeigen.

Romantisch zu lieben heißt deshalb, den Wunsch zu haben, sich selbst zu erforschen. Sich selbst freizulegen. Und das auch noch erregend zu finden.

Doppelt erregend ist es, wenn man dann dem anderen zeigen kann, was man gefunden hat.

Dreifach erregend, wenn ich den Blick des anderen spüre, wie er seinen Blick auf mich richtet und mir beim Forschen zusieht.

Und noch erregender, wenn man sich gegenseitig graben und zeigen sieht und von jedem neuen Fund animiert wird, wieder selbst etwas hervorzuholen, das den anderen freut und überrascht und dazu bringt, in die nächste Grabungsrunde einzusteigen.

Schau her, ich zeige Dir etwas, das ich gefunden habe. Ich schenke es Dir und sende es Dir. Bewahr es gut auf, denn was Du da gerade siehst, ist etwas von mir.

So läuft das in der Liebe, wenn es läuft.

Und es läuft jetzt genau so. Nur noch sehr viel radikaler.

Denn das Smartphone erweist sich als besonders starkes Forschungsgerät. Das Smartphone ist ein Individualisierungsgerät für Liebeswünsche.

DAS SMARTPHONE IST EIN FORSCHUNGSAPPARAT FÜR PHANTASIEN, DIE VERBORGEN LIEGEN

DAS SMART PHONE

IST EIN SUCHGERÄT FÜR DIE PHANTASIEN DER ANDEREN

DAS SMART PHONE

IST EIN ENTWICKLUNGS-, KULTIVIERUNGS- UND ZÜCHTUNGSGERÄT FÜR PHANTASIEN, VON DENEN WIR BISLANG GAR NICHT WUSSTEN, DASS WIR SIE HABEN KÖNNTEN

Schau Dir auf Deinem Smartphone an, wie Du suchst und gräbst und forschst. Wie Du Dich beobachtest und entwirfst.

Schau nur mal in den Ordner mit den Fotos und den Filmen. Es ist einer dieser verschachtelten Räume, in denen etwas Neues erfunden wird.

Such nur die Aufnahmen raus, die Du von Dir selbst gemacht hast. Als Du auf jemanden gewartet hast. Als Du mit dem Zug fuhrst und Langeweile hattest. Als Du im Bett lagst, nachts, morgens, mittags, abends. Im Badezimmer vor dem Spiegel. Als Du Dich anzogst. Als Du Dich auszogst.

Was immer man Dir über diese Bilder erzählt, wer immer auch sagt, dass sei alles nur oberflächlich und in sich selbst verliebt, vergiss nicht:

Mit jedem Bild stellst Du Dir die Frage, wer Du bist. Und jedes Bild gibt Dir eine kleine Antwort, die mit einer anderen im nächsten Bild von Dir ergänzt wird.

Ein Selbstbild folgt auf das andere. Und das in schneller Folge.

Selbstbilder werden von Dir mit dem Smartphone in Serie gemacht. Der Kopf wird gedreht, die Mimik variiert, die Position der Kamera nur leicht verändert.

Selbstbilder machen heißt, mit Dir selbst kleine Spiele zu spielen, über die Du Dich selbst variierst.

Guck ganz genau hin. Guck Dich selbst an. Behalte Dich im Blick.

Was da entsteht, was Du da machst, das sind Puzzlestücke Deiner Selbsterforschung.

Mit solchen Snapshots kannst Du testen, wie Du in der Welt bist. Wie Du Dich in der Welt bewegt. Welche Konturen Du in unterschiedlichen Räumen hast. Wie das Licht Dein Gesicht bestimmt. Wie sich Deine Pupillen verändern. Wie Du von unten aussiehst. Und von oben. Mit geschlossenen Augen. Wie Du guckst, wenn Du nicht guckst. Wenn Du cool guckst. Wenn Du traurig, wütend oder provozierend guckst. Welche Seite von Deinem Gesicht eigenartig ist und welche nicht. Wie die Haare liegen. Oder stehen. Wie die Hände aussehen. Und die Füße. Der eigene Schoß. Wenn Du sitzt und wenn Du stehst. Dein Bauch, der Nabel, die Haut drumherum. Überhaupt: die Haut! Jetzt kannst Du sie an allen Stellen auf Bildern festhalten und gucken, was über die Zeit hinweg mit ihr passiert.

Wie unglaublich interessant das alles ist. Und wie viel von all dem man erst durch die Kamera am Smartphone über sich selbst weiß.

Man weiß eigentlich jetzt erst, wie man aussieht, wenn man halb angezogen oder ganz ausgezogen ist. Man weiß es, wenn man nur will, in allen Details, in Großaufnahmen und von allen Seiten. In allen Bewegungen. Immer, gleich, sofort. Und auf Dauer, immer wieder.

Denn die Bilder, die man von sich macht, macht man nicht mehr mit Verzögerung. Die Bilder müssen nicht mehr entwickelt werden. Sie sind einfach da und bleiben.

Du siehst Dich in Echtzeit. Du kannst solche Snapshots immer wieder machen, endlos weiter, Hunderte, Tausende, die sich speichern lassen oder auch wieder gelöscht werden können, es kommen ja dauernd neue dazu.

Jetzt weiß man, wie man aussieht, wenn man im Bett liegt. Auf dem Sofa. In der Badewanne. Auf der Wiese. In der Hängematte. Wie man aus verschiedenen Perspektiven, unter unterschiedlichen Lichtern, in unterschiedlichen Farben aussieht. Wie man aussieht, wenn man erregt ist. Beine offen, Beine zu. Wenn man sich hingibt. Wenn man sich zeigt. Wenn man sich anfasst. Oder kommt. Und wie man klingt dabei. Was man sagt. Oder gerne sagen würde. Oder gerne machen würde. Jetzt kann man es testen und sehen und hören. Man kann Situationen erfinden. Szenen spielen. Rollen wechseln.

Immer kann man sagen: Was wäre, wenn. Und dann kann man sich ein Bild davon machen.

Wenn man Lust hat. Man muss es nicht tun. Natürlich nicht. Aber wenn man Lust hat, dann kann man.

Du kannst das alles filmen. Du kannst Sprachaufnahmen mitlaufen lassen. Und Du kannst später etwas dazuschreiben. An was Du gedacht hast, als Du es gemacht hast. Und was Dir dazu einfällt, wenn Du Dich so siehst oder hörst.

Überhaupt kannst Du mit diesen Bildern, Filmen, Worten und Geräuschen ein Tagebuch der verliebten Gedanken und Erregungen anlegen. Eine Chronik Deiner Phantasien. Ein Album Deiner Erinnerungen an die eigene Lust.

Man kann auf dem Smartphone Ordner anlegen, in denen die Selbstbilder zusammen mit Texten und Tonaufnahmen abgelegt sind. Kleine Zeitkapseln, in denen aufbewahrt ist, wie man sich zu einem bestimmten Zeitpunkt oder in einer bestimmten Phase gefühlt hat.

Du kannst mit ihnen festhalten, was Dich interessiert, fasziniert, erregt, irritiert oder abstößt.

Hier kann stehen, wie die Grenzen Deiner Wünsche aussehen. Du kannst notieren, was diesseits und was jenseits dieser Grenzen ist und was überhaupt passiert, wenn man die Grenzen berührt.

DU KANNST DIR EINE LAND- UND WASSER- UND HIMMELSKARTE

DEINER LIEBE

ENTWERFEN

JEDEN TEXT,
DEN DU SCHREIBST,
JEDES BILD,
DAS MIT DER ZEIT ENTSTEHT,
KANNST DU
AUF DEINER
LOVE MAP
PLATZIEREN

Mit dieser Karte lassen sich Verwandtschaften und Ähnlichkeiten bestimmen. Man kann Übergänge und Abgründe markieren.

Wer sich Zeit lässt und genau hinguckt, erkennt kleinere Verschiebungen und größere tektonische Bewegungen.

Es lässt sich die Herkunft von Gedankenbildern, von Szenen und Worten verfolgen. Man sieht, wie sie entstehen, sich verwandeln und vielleicht auch wieder verschwinden.

Man sieht neue, andere Bilder, Szenen und Worte kommen. Weil sie an Personen hängen, die man kennenlernt. An Texten, die man liest, an Konstellationen, in die man hineingerät. Oder an Erfahrungen, die man mit sich, den eigenen Ideen und dem eigenen Körper macht.

Sammle das alles. Es ist das Material, mit dem Du die neuen Geschichten Deiner Liebe erzählst.

Das alles sind Entdeckungen, die noch vor ein paar Jahren gar nicht möglich waren, weil es all die Möglichkeiten zur Selbstbefragung und Selbstbesichtigung überhaupt noch nicht gab.

Was man jetzt plötzlich von sich weiß, weil man es wissen kann. Und was alles man doch plötzlich wissen will, weil man es wissen könnte.

Womit man experimentieren kann, weil man das Gerät dazu hat. Wie einfach man nach so vielen Blicken und Worten suchen kann, durch die man sich schön, erotisch, begehrenswert findet.

Wie man sich dabei an sich selbst erregen kann. Weil man sieht, wie man von sich selbst gesehen wird und wie man von den anderen gesehen werden könnte. Und wie man sich den anderen tatsächlich zeigen könnte.

Und wie man sich dabei verändern kann.

Wie interessant doch all diese Testreihen sind, die man mit sich selbst durchführen kann.

Je länger man darüber nachdenkt und je mehr man ausprobiert, umso interessanter wird es.

LASS DIR NICHT SCHLECHTREDEN, WAS DU MACHST,

WENN DU MIT BILDERN UND GESCHRIEBENEN UND GESPROCHENEN TEXTEN ALS MOMENTAUFNAHMEN VON DIR EXPERIMENTIERST

DU BIST KEIN NARZISST,

NUR WEIL DU DICH MIT DEINEN BILDERN UND TEXTEN SELBST ERFORSCHST

Sag denen, die Dir den Spaß am Bildermachen von Dir selbst vermiesen wollen:

Ich nehme gerade an einer Bildrevolution teil.

Sag, Du gehörst zur ersten Generation, der ein Gerät zur Verfügung steht, in dem man sich selbst auf ganz unterschiedliche Weisen aufzeichnen und diese Aufzeichnungen untereinander verknüpfen kann.

Sag, dass Du, ohne dass Du es Dir gewünscht hast, zu einer Avantgarde gehörst, die unendlich viele Selbstbilder von sich herstellen kann, die derart komplex sind, dass man gegenwärtig nur ahnen kann, wie grundsätzlich sie das Bild vom eigenen Selbst verwandeln.

Sag, dass es Dir im Unterschied zu allen Generationen vorher möglich ist, zu all Deinen Bildern laufend weitere Dokumente über Dich und Deine Lieben herzustellen, sie zu sammeln, sie zu ordnen, sie durchzuschauen, zu verknüpfen, zu beschreiben, zu kommentieren und wieder mit weiteren Materialien zu ergänzen.

Sag, dass man wirklich nicht wissen kann, wie sich das Bild von der Liebe verändert, kurzfristig, mittelfristig, langfristig, wenn man mit so vielen Texten, Filmen, Bildern und Tonaufnahmen hantieren kann.

Sag, dass man so wenig darüber weiß, dass man es einfach ausprobieren und sich dabei zusehen muss, um Genaueres darüber zu erfahren.

Sag, dass auf jeden Fall gilt: Wer sich mit den eigenen Wünschen beschäftigt, wer an sich herumprobiert, wer phantasiert und sich berührt, wer Worte sprechen oder schreiben kann und Bilder finden kann für das, was ihn selbst bewegt und erregt, und wer sich dabei wiederum selbst beobachtet und sich Auskunft zu geben versucht über das, was ihn selbst bewegt und erregt, der weiß besser, wie er sich selbst guttut.

Und nicht nur das. Wer das alles kann, der ahnt auch sehr viel besser, wie man anderen etwas Gutes tun könnte.

Selbstempfindlichkeit blockiert nicht.

Selbstempfindlichkeit steigert die Empfindlichkeit für andere.

Und durch Selbsterprobung und Selbstbeobachtung und Selbstbeschreibung weiß man sehr viel besser, was einem *nicht* so guttut.

Denn man kann auf der eigenen Love Map die Grenzgebiete markieren, von denen man nicht möchte, dass sie betreten werden. Und man kann sagen, wenn man das mag, für wen der Zutritt unter bestimmten Bedingungen erlaubt ist.

Und weil man das weiß, kann man auch viel besser *Nein* sagen.

Und man kann dann eben auch viel besser verstehen, warum jemand anderes *Nein* sagt.

Man weiß dann von sich selbst, dass ein *Nein* eben *Nein* heißt, und nicht *Ja* oder *Vielleicht*.

WER SICH MIT DEN EIGENEN
WÜNSCHEN BESCHÄFTIGT,
WER AN SICH HERUMPROBIERT,
WER PHANTASIERT,
WER WORTE SPRECHEN
ODER SCHREIBEN UND
BILDER FINDEN KANN FÜR DAS,
WAS IHN BEWEGT UND ERREGT,
VERGRÖSSERT SEINEN
SPIELRAUM

MAN WIRD TOLERANTER

GEGENÜBER SICH SELBST

UND GEGENÜBER ANDEREN

Ich weiß dann: Alles, was mir nicht guttut, kann ich auch lassen. Und kann etwas anderes entwerfen. Und realisieren.

Man bleibt also nicht mehr so einfach bei dem, was man hat.

Deshalb neigt, wer sich selbst erforscht und dabei selbst immer besser kennenlernt, zum Wechseln.

Diese dauernde Bereitschaft, etwas anderes auszuprobieren, ist kein Hinweis darauf, dass man beziehungsunfähig geworden ist.

Wer genau hinschaut, sieht genau das Gegenteil: Jetzt entstehen mit all den neuen Texten und Bildern, die gesendet und empfangen werden und mit denen man sich selbst erforscht und entwirft, Kompetenzen, mit denen man Beziehungen neu gestalten kann.

Dazu gehört die Kompetenz, zu sagen, was man sich wünscht, was Spaß macht, was erregend sein könnte und was man gerne ausprobieren würde, nur um zu gucken, wie es wohl ist.

Wer diese Kompetenz nicht hat, steckt fest. Und kommt nicht weiter.

Kompetent ist man deshalb erst dann, wenn man bereit ist, Beziehungen zu verlassen, die einem nicht guttun.

DU MUSST EBEN WEITERSUCHEN, WENN ES NICHT PASST

DU MUSST DANN EBEN WEITER EXPERIMENTIEREN

DU MUSST DANN EBEN
WEITERKLICKEN

ES BLEIBT DIR JA
NICHTS ANDERES
ÜBRIG

Dass man in der Lage ist, schneller zu wechseln, hat allerdings einen eigenartigen Effekt. Man hat ziemlich oft das Gefühl, ziemlich haltlos zu sein und einfach nur herumzuirren.

Weil sich immer mehr Optionen bieten, die man testen kann.

Weil man diese Optionen schneller testen kann als jemals zuvor.

Und weil man über die Tests, die man durchführt, viel schneller berichten und die Berichte von anderen sehen und sie kommentieren und mit eigenen Berichten anreichern kann.

Weil man über all das, was passiert, in Echtzeit kommunizieren kann.

Ihr könnt Euch zugucken, wie Ihr testet. Und wie Ihr die Tests dokumentiert. Und wie Ihr die Testergebnisse präsentiert. Und wie Ihr kommentiert, was Euch mit Eurer Liebe passiert.

So viel Rückkopplung gab es noch nie.

So viele Rückmeldungen über die gelingende und die scheiternde Liebe sind jetzt im Umlauf.

So viele geteilte und verteilte Herzensangelegenheiten. So viel Euphorie und Gejammer. So viele Lügen und Wahrheiten. So viele Puzzlestücke, Fragmente, Splitter, Entwürfe, Erzählungen, Erklärungen für das, was die Liebe ist und sein könnte. Und noch nie kam in so kurzer Zeit so viel mehr von allem dazu.

Man kann sich mechanisch durch dieses ganze große Durcheinander der Aufregungen und Erregungen klicken. Und dann kann man sich wundern und fragen, ob da jetzt alle eigentlich verrückt geworden sind, weil alle scheinbar alles posten.

Man kann sich aber auch aus lauter Interesse, aus Neugier auf das, was da ganz offensichtlich an Neuem entsteht, die schönsten, die schrägsten, die wahnsinnigsten, die heißesten Stellen merken.

Man kann, was man dort sieht und hört und was man selber postet, sammeln, verknüpfen, beschreiben, kommentieren und mit anderen Materialien ergänzen.

Man kann, wenn man will, dafür weitere Journale anlegen. Man kann Zeitkapseln füllen, Cluster erweitern und kollektive Love Maps anlegen.

Man kann sie anderen zeigen.

Man kann, wenn man will, die Dokumente mit anderen tauschen. Und sie mit Dokumenten von anderen ergänzen. Und darüber sprechen.

Du kannst protokollieren, was Du findest, wenn Du Dir mit anderen bei Whatsapp schreibst, wenn Du Bekenntnisse bei Facebook liest, an Bildern bei Instagram hängenbleibst, Profile bei Tinder matchst, erotische oder pornographische Bilder und Filme auswählst, Links anklickst, Stichworte bei Google eingibst und in Gebiete vorstößt, die Dir immer fremdartiger erscheinen, weil die Wesen, die Du dort siehst, zu Dir immer wundersamer von ihrer Liebe sprechen und Dir etwas von dieser Liebe zeigen.

HALT
DIE AUGEN
AUF

ES GIBT SO VIEL
ZU SEHEN

ALS MEDIUM
DER GEGENWART
ERFORSCHST DU NICHT
NUR DICH SELBST

DU ERFORSCHST IMMER
AUCH DIE WELT,
MIT DER DU
VERNETZT BIST

GUCK DIR ALLES AN

UND HALT ES FEST

Achte auf die Spielformen, Abstufungen, Variationen, Kreuzungen, Kuriositäten und Absonderlichkeiten, die sich im Netz nicht nur an den Rändern und an den extremsten Punkten bilden.

Du musst die Nischen erforschen, die kleinen verschachtelten Räume, die sich in all den Zwischenräumen ergeben.

Da entwickeln sich so viele neue Arten zu schreiben, Bilder zu machen, zu filmen, zu küssen und zu streiten. Und Du bist plötzlich selbst dabei und machst mit.

Es gibt neue Arten, »Ich liebe Dich« zu sagen.

Es gibt neue Arten, sich zu zeigen, sich anzupreisen, sich zu entziehen, sich zu maskieren oder aber ohne Maske zu erscheinen.

Es gibt jenseits von dem, was der Mainstream Dir sagt, so viele neue Arten schön zu sein und sich gut und begehrenswert mit dem zu fühlen, was man ist. Du musst nur den Spuren folgen und suchen und fragen und es selbst mitentwerfen, um es sehen zu können.

Und ganz egal, wie Du Dich zeigst und beschreibst, Du wirst Dich zwischen hundert anderen Geschlechtern wiederfinden, die alle ihre Namen haben, ihre Lebensformen entwerfen, ihre Phantasien kultivieren, ihre Land- und Wasser- und Himmelskarten, ihre Love Maps ausmalen und erweitern. Und die mit ihrem Leben ausprobieren, was sie sind und sein könnten.

Je länger Du unterwegs bist und festhältst, was um Dich herum passiert, umso klarer wird: In diesen verschachtelten Räumen entwickelt sich alles, was man sich denken kann. Und noch mehr.

Vielleicht siehst Du Wesen, die sich Sachen zeigen oder miteinander über Sachen sprechen, von denen Dir nicht klar war, dass man sie überhaupt zeigen und besprechen und mit ihnen experimentieren kann.

Du entdeckst Wesen, von denen Du vielleicht nicht einmal geahnt hast, dass Du Dich in sie verlieben könntest. Rollen, von denen Du nicht wusstest, dass Du sie spielen könntest. Konstellationen, in denen Du Dich entfalten könntest. Phantasien, die Du entwickeln könntest. Praktiken, die Dir Lust machen könnten. Inszenierungen, durch die Du Dich verwandeln könntest.

Du stößt auf lauter Sachen, die Du realisieren könntest.

Vielleicht reicht es dann schon, Dir vorzustellen, dass Du sie machen kannst.

Vielleicht reicht es, sich das gemeinsam mit anderen vorzustellen und mit ihnen darüber zu sprechen.

Vielleicht lässt es sich mit anderen Ideen kombinieren, die Du mit anderen umsetzt, die Du direkt berührst dabei und die Dich berühren, so wie Du es magst.

Vielleicht findest Du aber auch Bilder und Worte für etwas, von dem Du meintest, dass Du niemandem etwas davon zeigen oder sagen könntest, weil Du geglaubt hast, dass Du damit ganz alleine und viel zu komisch bist und Dich vielleicht sogar dafür schämen musst.

Wenn Du im Netz unterwegs bist, lernst Du auf jeden Fall: Was auch immer mit Dir los ist, Du bist nicht allein.

Da draußen gibt es Wesen, die Dir ähnlich sind.

Und was früher fast unmöglich oder nur ein extremer Glücksfall war, weil jede Kontaktaufnahme so unendlich schwierig war: Jetzt kannst Du diese Wesen sehen. Und sie sehen Dich.

Du kannst ihnen etwas von Dir zeigen. Du kannst ihnen schreiben.

Du kannst sehr wahrscheinlich mit ihnen sprechen. Vielleicht mit ihnen etwas ausprobieren.

Und Du kannst es auch wieder sein lassen, wenn es dann doch nicht das ist, was Dir gefällt, wenn es Dich nicht weiterbringt oder Dir nicht guttut.

Sehr wahrscheinlich findest Du auf Deinen Reisen Sachen, die in Bereiche auf Deiner Karte gehören, von denen Du gerade *nicht* willst, dass man sie berührt. Und wo dann *Nein* einfach *Nein* heißt.

Und Du kannst Dich umdrehen und weggehen, wenn Du Dich nicht wohl fühlst. Oder du wirst dich verteidigen.

Das lernst Du, während Du gleichzeitig auch lernst, die Karten der anderen zu lesen.

Lass Dir etwas aus ihren Journalen zeigen.

Folge ihren Inszenierungen.

Sei neugierig auf das, was sie von sich preisgeben möchten, was sie interessiert, was sie fasziniert, was sie verliebt macht und erregt, was sie gerne phantasieren und vielleicht auch testen wollen. Und hör genau auf das, was sie nicht wollen. Wo sie ihre Grenzen setzen, wo sie nicht berührt und schon gar nicht verletzt werden wollen.

Was hier im Netz passiert, scheint nur dann zu enthemmt, zu intim, zu oberflächlich, zu narzisstisch, zu exhibitionistisch, zu aufdringlich, zu obszön, zu verwahrlost, wenn man hier nie unterwegs ist. Wenn man nicht hinschaut. Wenn man nicht nachfragt. Wenn man nicht neugierig ist. Wenn man nur abwehrt, was anders ist und an einem selbst anders sein könnte.

Wer aber die Augen offen hält, erkennt: In all dem Durcheinander ist ein Labor für Liebesfragen entstanden, das es möglich macht, sich gegenseitig zuzuschauen und über das zu sprechen, was man dort macht. Und wie man es macht. Und warum.

Und wer mitmacht und sich und anderen dabei neugierig zusieht, der versteht:

Dieses dauernde Zeigen und Sprechen lässt sich zur Gestaltung von immer neuen Laboren einsetzen.

Weil das Sprechen und Zeigen fortlaufend neue Verschiebungen, Variationen, Nuancen, Andersartigkeiten erzeugt, mit denen neue Zwischenräume entstehen, die sich mit den anderen Räumen wieder verschachteln und wieder Unübersichtlichkeiten erzeugen, durch die man sich nur sprechend und zeigend hindurchbewegen kann.

DAS KLINGT KOMPLIZIERT

UND DAS IST ES AUCH

UND GANZ SCHÖN ANSTRENGEND IST ES SOWIESO

WIR KENNEN DAS

WIR SIND JA

MITTEN DRIN

ABER DAS IST ES,
WAS WIR MEINEN,
WENN WIR SAGEN,
DASS ES
LIEBE
IST

Damit müssen wir zurechtkommen. Das ist die Herausforderung, dass so viele Sachen nicht mehr so klar sind. Dass sie nicht eindeutig sind. Dass sie unübersichtlich sind. Und sich bewegen. Und sich bewegen müssen.

Weil es sonst keine Liebe ist.

Deshalb gibt es kein Zurück.

Wer immer glaubt, wir könnten die Geräte wieder ausschalten und in einen Zustand zurückkehren, in dem alles eindeutig und klar und übersichtlich ist, weil wir die ganzen Verschachtelungen hinter uns lassen, der irrt.

Wollte man alles voneinander entkoppeln und die Räume wieder nach *wirklich* und *unwirklich* sortieren, ließe sich das eine nicht mehr als Spielraum für das andere nutzen.

Man würde der Liebe die Romantik austreiben.

Und wir müssten unsere Lust vergessen, in den verschachtelten Räumen unterwegs zu sein, um Verbindungen herzustellen und Netze zu knüpfen, in denen wir senden und empfangen können.

WIR SIND EXPERTEN FÜR DIE ZIRKULATION VON LIEBESZEICHEN UND LIEBESDINGEN GEWORDEN

WIR KÖNNEN DIE ZEICHEN UND DINGE DURCH DIE VERSCHACHTELTEN RÄUME SENDEN, SIE EMPFANGEN, ZUSAMMENFÜGEN, ERGÄNZEN, VERNETZEN, AUFLADEN UND IMMER WIEDER NEU KOMBINIEREN

UND DAHINTER KÖNNEN
WIR NICHT ZURÜCK,
OHNE AUF DIE MÖGLICHKEITEN
ZU VERZICHTEN, DIE WIR
GEWONNEN HABEN

Nur als Zirkulationsexperten haben wir die Möglichkeit, uns selbst in der Gegenwart im Blick zu halten.

Wir haben die Möglichkeit, uns zu begleiten, mit uns und an uns Dinge auszuprobieren und zu schauen, was uns mit ihnen widerfährt.

Und wir haben die Möglichkeit, uns zu fragen, ob diese Dinge gut für uns sind oder nicht. Und wenn sie uns nicht guttun, dann können wir weiter probieren.

Wir können das zusammen mit anderen tun. Wenn wir mit ihnen neue Zirkulationen ausprobieren. Und darüber verhandeln, wie wir diese Zirkulationen gestalten.

Die nächste große Liebe ist darum eine, die sich durch Beobachtungen und Befragungen dieser Zirkulationen ergibt. Sie stellt sich her mit den Dokumentationen, Produktionen, Sendungen und Rücksendungen, die zwischen uns unterwegs sind.

Als Liebender wirst Du Dich beobachten und befragen.

Du wirst, was Du erlebst, notieren, fotografieren, besprechen und verknüpfen. Und Du wirst es verschicken.

Und die anderen werden das ebenfalls tun. Sie werden ebenfalls neue Sachen produzieren und auch versenden.

So werden wir uns verbinden. So werden wir uns über den Stand der Dinge und über all das auf dem Laufenden halten, was als Nächstes passiert.

So werden wir uns in der Liebe entwerfen.

Die nächste große Liebe wird so etwas wie eine Entwurfsgemeinschaft, eine Experimentiergemeinschaft, eine Produktionsgemeinschaft sein, die inmitten aller Zirkulationen ein ganz besonderes Hin und Her erfindet.

Die nächste große Liebe wird eine besondere Bewegung sein.

Die Erinnerung an diese Liebe wird die Erinnerung an eine besondere Art der Zirkulation sein.

Es wird die Erinnerung an ein Senden und Empfangen, ein Geben und Nehmen und Tauschen, ein Verknüpfen und Verbinden und Erweitern und Verschachteln sein, das wir zusammen mit niemandem sonst erlebt haben werden.

Wir werden uns nicht nur an Bilder und Worte und Stimmen erinnern. Wir werden uns nicht nur an das erinnern, was wir mit den Augen gesehen und der Haut gespürt haben, was wir einander geschrieben und was wir gelesen haben, als wir uns begegnet sind und mit jeder neuen Berührung und Sendung weitergeführt haben.

Wir werden uns daran erinnern, auf welche besondere Weise wir die Bilder, die Worte und die Stimmen getauscht haben.

Wie wir uns aufgenommen und gespeichert haben.

Wie wir uns wieder hervorgeholt und berührt und verändert haben.

Und wie wir uns dann wieder in Umlauf gebracht haben, damit wir uns erreichen.

Das werden unsere Erinnerungen an die Liebe sein.

Und das wird die Utopie der nächsten großen Liebe sein.

Dass wir die Zirkulationen zwischen uns als etwas verstehen, das wir gemeinsam gestalten. Um uns zusammen auf lustvolle Weise herzustellen. Um etwas ganz Besonderes zu sein.

ROMANTISCH BIST DU,
WENN DU WEISST,
DASS IN JEDER SENDUNG,
DIE DU IN DEIN
SMARTPHONE TIPPST
UND ÜBER DEIN
SMARTPHONE EMPFÄNGST,
ETWAS VON DIESEM
VERSPRECHEN STECKT

SO KLEIN
SO EINFACH
SO LEICHT
FLIRREND
ELEKTRISIEREND
BERÜHREND

SCHAU AUF DEINEN BILDSCHIRM

ES
IST
LIE
BE

STEPHAN POROMBKA, 1967 geboren, ist Autor, Kolumnist, Redner und Professor an d
Berliner Universität der Künste. Er fasziniert seine Follower bei Facebook, Twitter, Ins
gram und Snapchat mit seinen Social-Media-Reflexionen. »Einer der Hoch- und Po
kultur verbindet und daraus Neues erschafft«, schrieb DIE ZEIT über ihn; »Parzival u
Dieter Bohlen eben.«